# L'anglais correct

# L'anglais correct

Brigitte Lallement, Nathalie Pierret

Nouvelle édition

FIRST Editions

*L'anglais correct, nouvelle édition*



ISBN : 978-2-7540-3805-8
Dépôt légal : mars 2012
Imprimé en Italie

Édition : Benjamin Ducher
Mise en page : KN Conception

Éditions First-Gründ
60, rue Mazarine
75006 Paris

Tél. 01 45 49 60 00
Fax 01 45 49 60 01

E-mail : firstinfo@efirst.com
Site Internet : www.editionsfirst.fr

# SOMMAIRE

•

Première partie

•

# LES EXPRESSIONS À CONNAÎTRE

## Des expressions de tous les jours

Tout est bien qui finit bien !
***All's well that ends well!***

Ça ne va pas, non ?
***Are you crazy or something?***

Mieux vaut tard que jamais !
***Better late than never!***

Ne quittez pas !
***Can you hold on for a second?***

Félicitations !
***Congratulations!***

Ne m'en veux pas !
***Don't hold it against me!***

N'en fais pas toute une histoire !
***Don't make such a fuss!***

Je vous en prie, n'en parlons plus !
***Don't mention it!***

Ne t'inquiète pas !
***Don't worry!***

C'est plus facile à dire qu'à faire !
***Easier said than done!***

Tous les deux jours…
***Every other day…***

À vendre !
***For sale!***

Laisse tomber !
***Forget it!***

Bon débarras !
***Good riddance!***

Super !
***Great!***

Je n'en reviens pas !
***I can't believe it!***

Je n'arrive pas à le joindre !
***I can't reach him!***

Je ne peux pas le supporter !
***I can't stand it!***

Je ne l'ai pas fait exprès !
***I didn't mean it!***

Je ne suis pas d'accord !
***I don't agree!***

Je n'en ai pas envie !
***I don't feel like it!***

Ça m'est égal !
***I don't mind!***

Je le connais à peine !
***I hardly know him!***

Je n'ai pas de monnaie !
***I have no change!***

J'espère que ça marche !
***I hope it works!***

Je me le demande…
***I wonder…***

Je reviens dans une minute !
***I'll be right back!***

Je n'ai plus un sou !
***I'm broke!***

Je suis épuisé(e)…
***I'm exhausted…***

J'en ai marre !
***I'm fed up!***

J'ai soif/faim !
***I'm thirsty/hungry!***

J'ai changé d'avis !
***I've changed my mind!***

Si ça ne te dérange pas…
***If it's no bother to you…***

Il fallait s'y attendre !
***It could be expected!***

Ça dépend…
***It depends…***

Ça ne fait rien…
***It doesn't matter…***

Ça se pourrait bien…
***It might be well so…***

Je ne m'y attendais pas !
***It was quite unexpected!***

Ça ne vaut pas le coup !
***It is not worth it!***

C'est à tes risques et périls !
***It's at your own risk!***

Ça ne se fait pas !
***It's bad manners!***

C'est mon jour de congé !
***It's my day off!***

Ça ne sert a rien !
***It's no use!***

Ce n'est pas si facile que ça !
***It's not that easy!***

Quel gâchis !
***It's such a waste!***

C'est comme tu veux !
***It's up to you!***

Ça ne sert a rien !
***It's useless!***

Laisse-moi tranquille !
***Leave me alone!***

Tu veux un coup de main ?
***Need a hand?***

Pas question !
***No way!***

Pas étonnant !
***No wonder!***

Jamais de la vie !
***Not on your life!***

Maintenant, j'en ai vraiment marre !
***Now this is it!***

À plus tard !
***See you later!***

C'est bien fait pour toi !
***Serves you well!***

Tu devrais avoir honte !
***Shame on you!***

Et alors ?
***So what?***

Arrête de dire n'importe quoi !
***Stop talking nonsense!***

Du calme !
***Take it easy!***

Il n'y a pas de quoi rire !
***There's no laughing matter!***

Ils s'entendent très bien.
***They get along well.***

Quel dommage !
***What a pity!***

Comment ça s'appelle ?
***What do you call this?***

Qu'est-ce que tu veux dire ?
***What do you mean?***

Quoi encore ?
***What now?***

Qu'est-ce qui te prend ?
***What's the matter with you?***

Quoi de neuf ?
***What's up?***

Tu parles !
***You bet!***

Pas possible !
***You don't say!***

Tu ferais mieux de te taire !
***You'd better shut up!***

Tu plaisantes !
***You're kidding!***

# Des outils pour communiquer

## Les relations avec les autres

• Présenter quelqu'un
*Let me introduce...*
*This is Mr...*
*Have you met Mrs...?*
*May I introduce...*

• Proposer son aide
*May I help you?*
*Can I help you, Madam?*
*What can I do for you?*

• Proposer quelque chose
*Do you want...?*
*Would you like some...?*
*Would you fancy...?*
*How about a...?*

- Remercier

*Thank you so much.*
*That's very kind of you.*
*How nice of you.*
*Thank you very much.*

- S'intéresser au sort des autres

*What's wrong with…?*
*I'm so sorry for him/her/them.*
*What a shame!*
*That's too bad.*
*I'm terribly worried/concerned about…*

- S'intéresser aux idées des autres

*Do you agree that…?*
*Do you think that…?*
*What's your position on…?*
*Would you say that…?*

- S'intéresser aux goûts des autres

*Did you enjoy the show?*
*How did you like that film?*
*Do you care for football?*
*What do you think of this book?*
*How do you feel about…?*

• Faire répéter

*Would you mind repeating, please?*
*Pardon?*
*Could you say that again, please?*
*I'm sorry, I didn't catch what you said.*

• Accuser/se défendre

*You needn't have...* (+ verbe en *-ed*).
*Are you telling me I should have...*
(+ verbe en *-ed*) ?
*It was your fault ! All I did was to...*
*What on earth are you doing?*
*This is none of your business!*
*You shouldn't have...* (+ verbe en *-ed*).

## Les sentiments et les attitudes

• Exprimer son admiration

*How beautiful/nice/pretty/clever.*
*He is the best...I know/in the world.*
*This is great/fantastic.*
*Congratulations.*
*What I like about...is that...*
*I really appreciate...*

• **Exprimer sa déception**

*Oh, no! Not again!*

*That's too bad.*

*Hard luck!*

*What a shame!*

*If only I had been there!*

• **Exprimer sa désapprobation**

*I'm sorry to say this but...*

*We have a complaint to make.*

*We've got a problem here.*

*I'm not in favour of...*

*I disapprove of...*

*How can you...?*

*I'm fed up with...*

*Now, this is enough!*

• **Exprimer sa surprise**

*Isn't that amazing?*

*Isn't that strange?*

*What? You mean that...*

*Oh, no! You must be kidding!*

• **Exprimer une envie/un souhait**

*I feel like...* (quelque chose à boire)

*I wish to…*
*I wish you would…*
*I wish I were…*
*I'd like you to…*
*If only I could…*
*I certainly hope…will…*

## Les mots de liaison

• Pour exprimer la cause
*As*
*Because*
*Because of*
*Since*
*Thanks to/due to*

• Pour exprimer la conséquence
*As a result of*
*Consequently*
*That's why*
*Therefore*
*So*

• Pour marquer les étapes chronologiques
*First*

*Secondly*
*Then*
*Next*
*After…minutes/days/years*
*Finally*
*When he was…* (âge)

**• Pour comparer**
*Like* (+ nom)
*It is the same as…*
*He looks like…*
*It sounds like…*
*It's different from…*
*Unlike* (+ nom)

**• Pour annoncer quelque chose**
*Could I have your attention please?*
*Have you heard the news?*
*I'd like to tell you something*
*Just listen to this*

**• Pour ajouter des arguments**
*In other words*
*Next*
*That is to say*

*In addition*
*In fact*
*Besides*
*Moreover*

**• Pour contraster**
*Although*
*Whereas*
*While*
*However*
*In spite of* (+ nom)
*On the one hand…on the other hand…*

**• Pour résumer**
*In a few words*
*To sum it up*
*Briefly*

**• Pour émettre une hypothèse**
*I think that…*
*In my opinion…*
*I guess/suppose/figure/assume*
*This might…*
*Probably/presumably*
*Obviously*

• Pour prendre le temps de réfléchir

*Well…*

*Er….*

*Let me think…*

*I'm not quite sure but I think…*

## L'action sur autrui

• Pour donner des conseils

*I'd advise you to…*

*Don't you think he should…/he should have…*

*You ought to…*

*Why not…?/Why don't you…?*

*You'd better…*

• Pour donner des ordres

*Do that first!*

*You will do that first!*

*Now you must…*

*You've got to…*

*You are to…*

**• Pour demander/donner/refuser une permission**

*Do you mind if I...? Not at all.*
*Can I...? Of course, you can.*
*May I...? Certainly not.*

**• Pour faire une demande polie**

*Would you..., please?*
*I wonder if you could...?*

## Des expressions idiomatiques

Les expressions toute faites posent souvent problème, car elles sont très imagées, et il n'est évidemment pas question de les traduire mot à mot, ce qui susciterait des situations plutôt cocasses : imaginez votre réaction si un Anglais venait vous prévenir qu'il pleut des chats et des chiens ! Les choses ne peuvent s'éclaircir que si vous savez que *it's raining cats and dogs* est l'équivalent de : « Il pleut des cordes »... Imaginez d'ailleurs, à l'inverse, la réaction de l'Anglais à qui vous dites : *It's raining ropes!*

Voici une petite sélection de ces expressions idiomatiques qui peuvent être utiles...

## Français – Anglais

Il a du plomb dans l'aile !
***He is in a bad way!***

Elle est sur son 31 !
***She is dressed to kill!***

J'ai d'autres chats à fouetter !
***I have other fish to fry!***

Quel temps de chien !
***What lousy weather!***

Il nous en a fait baver !
***He made us sweat!***

Ça lui a cloué le bec !
***That shut him up!***

Je donne ma langue au chat !
***I give up!***

Il ne s'est pas cassé le tête !
***He didn't make much of an effort!***

J'ai la chair de poule !
***I am in goose pimples!***

Il a pris un coup de vieux !
***He has put years on!***

Je connais l'endroit comme ma poche.
***I know the place like the back of my hand.***

Je te garde un chien de ma chienne !
***I have it in for you!***

J'en mettrais ma main au feu !
***I would swear to it!***

## Anglais – Français

***She has butterflies in her stomach…***
Elle a l'estomac noué…

***They get on like a house in fire!***
Ils s'entendent comme larrons en foire !

***Stop pulling my leg!***
Arrête de te payer ma tête !

***It costs an arm and a leg!***
Cela coûte les yeux de la tête !

***Once in a blue moon…***
Tous les 36 du mois…

***I am in her black boots!***
Je ne suis pas dans ses petits papiers !

***She has bats in the belfry!***
Elle a une araignée au plafond !

***He let the cat out of the bag!***
Il a vendu la mèche !

***You are in the soup!***
Tu es dans le pétrin !

***Stop beating about the bush!***
Arrête de tourner autour du pot !

***He is out of the wood!***
Il est au bout du tunnel !

***That's not my pigeon!***

Ce ne sont pas mes oignons !

# Deuxième partie

•

# LES MOTS À CONNAÎTRE

## Le mot juste

### *Advise* ou *advice* ?

Une simple différence de lettre change la nature du mot. *Advise* est un verbe, *advice* est un nom… Ainsi, on dira : *I advise you not to tell Jane about this.* Plus tard, on ajoutera : *Well, you should have listened to me. But you never listen to my advice…* Attention : *advice* est un nom indénombrable ; on ne trouvera donc jamais ~~*an advice*~~ mais, si on veut parler d'un conseil, *a piece of advice!*

### *Always* ou *still* ?

Tous les deux se traduisent par « toujours » ; alors lequel choisir ? *Always* s'utilise pour une action qui se répète : *Oh no, not that story again! He always tells the same stupid joke!* alors que *still* s'utilise pour une action qui ne s'est jamais arrêtée : *And he is still speaking, I can't stand it anymore, I'm going to fall asleep!*

### *As* ou *like* ?

Ils ont tous les deux la même traduction française : « comme ». Mais *as* signifie « en tant que », quand *like* permet de faire une comparaison. Ainsi, on dira : *As a musician, he is wonderful… Just like me!*

### *Care* ou *mind* ?

Attention : il y a un choix stratégique à faire… Si par exemple on vous demande : *What do you prefer?*, la réponse : *I don't care* (« Je m'en fous ») risque d'être un brin trop agressive, et la prochaine fois on ne vous demandera pas votre avis ! Alors que : *I don't mind* (« Cela m'est égal ») vous évitera tout aussi bien de prendre une décision, tout en vous gardant une porte ouverte, surtout si vous l'accompagnez d'un sourire…

### *Currently* ou *actually* ?

*Actually* est le genre de mot qui laisserait croire que finalement, l'anglais, c'est facile… Oui, mais non, justement… « Je suis actuellement en vacances » se dira : *I am currently on holidays… I am actually on holidays* signifie : « En fait, je suis en vacances… donc, fichez-moi la paix, enfin ! »

### *Customer* ou *client* ?

Un seul état, deux mots, est-ce bien raisonnable ? *Customer* s'emploie quand il y a échange d'argent pour un bien… Dans un magasin, par exemple. *Client*, lui, se dira plutôt quand l'argent sera donné en échange d'un service… Par exemple, chez le coiffeur. Et comment dit-on quand il s'agit de celui qui fréquente un lieu de façon plus ou moins régulière, comme un café, par exemple ? Ni l'un ni l'autre, on choisira alors le mot patron…

### *Deep* ou *profound* ?

Les Français, bien entendu, ont tendance à choisir le mot qui ressemble le plus à leur propre langue. Mais attention : ces deux mots ne sont pas interchangeables ! *Profound* s'utilise pour une profondeur intellectuelle : *What a profound remark* ; *deep*, pour une profondeur plus matérielle : *The river is deep here*… On se demande ce qu'une ~~*deep remark*~~ pourrait bien être !

### *Do* ou *make* ?

Dans les deux cas, on fait… Mais *make* a davantage le sens de « fabriquer ». Ainsi : *You make a noise, a bed, a fire, money, war, peace, a journey, a phone call, a mistake, a decision*, etc. *Do*, le plus courant, correspond au verbe « faire ». *You do your hair, your room, your homework, the shopping, the ironing, the accounts, sports, competitions, your duty, business, an exception*, etc.

Cela semble simple… Oui, mais ce n'est pas toujours aussi évident. Ainsi ces expressions qui en français utilisent le verbe « faire » mais ne se disent ni *make* ni *do* :

Faire un clin d'œil : *To give a wink.*
Faire du ski : *To go skiing.*
Faire la grève : *To go on strike.*
Faire la différence : *To tell the difference.*
Faire un rêve : *To have a dream.*

### *Efficient* ou *effective* ?

L'un est compétent et productif (*efficient*) quand l'autre (*effective*) sera plutôt efficace… Pas simple tout cela. Je dirai donc : *I am a very efficient and modest person*, alors que des dernières mesures prises sans moi, je dirai : *They did not prove very effective…*

### *Emission* ou *programme* ?

Deux mots qui nous sont pourtant bien familiers mais qui posent problème quand même ! *Emission* sera réservé au dégagement, de gaz par exemple, quand *programme* sera réservé à tout ce qui nous arrive par les ondes : TV, radio... Ne pas confondre, donc. Imaginez la réponse à la question : *What kind of emission is due tonight?*

### *Expect* ou *wait* ?

Dans les deux cas, on est en droit de s'impatienter, mais *expect* signifie « s'attendre à ce que ». On dira donc : *I've been waiting for two hours. I expected them to be more serious than that!*

### *Good* ou *well* ?

Erreur très courante chez les Français. Pourtant, *good* est un adjectif qui qualifie un nom, alors que *well* est un adverbe qui qualifie donc... un verbe ! Ainsi : *I've slept so well...* Ou bien *The night was good.*

### *Heaven* ou *sky* ?

Alors que *sky* est physique (si on peut dire...), *heaven* sera plus spirituel. Si vous me dites : *I saw a plane up in the sky*, je trouverai votre conversation ennuyeuse.

Par contre, si vous dites : *I saw a plane in heavens*, je vous trouverai beaucoup plus intéressant… Qui aurait cru qu'il y avait aussi des avions là-haut ?

### *High* ou *tall* ?

*Tall* qualifiera plutôt des personnes, quand *high* impliquera une notion de hauteur. Certes, on dira parfois : *A tall building*, mais c'est l'exception sans laquelle aucune règle ne serait amusante…

### *Issue* ou *problem* ?

*Problem* sera utilisé pour parler d'une situation désagréable qui empêche de mener à bien un projet. On doit lui trouver une solution. Le terme *issue* sera utilisé pour parler d'un sujet général dont on peut discuter. Ainsi : *The control of nuclear weapon is an important issue* ; le tout est de faire en sorte qu'il ne devienne pas *a problem* !

Attention : « avoir des ennuis » ne se dit pas ~~*have problems*~~ mais *be in trouble*…

### *Job* ou *work* ?

Difficile de ne pas se tromper… Tous les deux peuvent se traduire par « travail ». Cependant, *job* est l'équivalent d'« emploi », alors que *work* est synonyme d'« ouvrage », de « tâche »… Vous pouvez donc, si vous avez de la chance, avoir un *job*, mais très peu de *work*…

### *Last* ou *latest* ?

Ça dépend, il y en a encore après ou pas ? *Last* indique la fin d'une liste. *Latest* indique l'élément le plus récent, en attendant la suite. Ainsi, *the latest issue* d'un magasine sera le dernier numéro en date, *the last issue* signifie que le magazine ne paraîtra plus…

### *Look for* ou *search* ?

Dans les deux cas, on espère bien trouver. Simplement, *search* indiquera une recherche beaucoup plus en profondeur, une fouille. *The police is searching the criminal* implique que le criminel a été arrêté. Mais : *The police is looking for the criminal* signifie qu'il court encore !

### *Old* ou *ancient* ?

Dire d'une *lady* qu'elle est *old* risque de la vexer, lui dire qu'elle est *ancient* vous en fera une ennemie à tout jamais. *Old* insiste sur l'âge, alors que *ancient* s'emploie pour une chose qui existait en des temps reculés. À garder pour les meubles, donc…

### *Permit* ou *allow* ?

Le plus simple est encore d'utiliser *allow*, qui signifie à la fois « donner la permission » ou « donner la possibilité ». *Permit* signifie uniquement « donner la possibilité » : il n'y a alors aucune notion de permission. Encore un mot de racine latine bien tentant, mais dont il faut se méfier...

### *Room* ou *place* ?

Préférez *room* pour parler d'espace... Mais *place* ira très bien pour parler d'endroit. Ainsi, inviter quelqu'un *in your room* n'a pas la même implication que de l'inviter *in your place*... Sauf si vous avez un studio, bien sûr... Quant à *space* : là, on est au-delà des étoiles...

### *Safety* ou *security* ?

Pour éviter le danger, on utilisera plutôt des *safety measures* : *I locked the door for more safety*. On voulait éviter par exemple qu'un enfant aille se coincer les doigts dans la porte. Des *security measures* ne protégeront pas contre les accidents mais contre le vol ou les agressions : *I locked the door for security*. On veut éviter une intrusion.

### *Say* ou *tell* ?

Ils signifient tous les deux « dire », mais ne s'emploient pas de la même façon. *Tell* est toujours suivi d'un complément personnel (un nom ou un pronom). Si *say* est suivi d'un complément personnel, celui-ci sera obligatoirement précédé de *to*. Ainsi, il faut choisir : *Kate told me what John had said to Brian*, ou bien : *Kate said to me what John had told Brian*. Facile, non ?

### *Sensible* ou *sensitive* ?

Il suffit de faire le contraire de ce qu'on croit. Donc, « sensible » se dira *sensitive*. Quant à *sensible*, il signifie « sensé »… *Clare is a very sensitive person* signifiera qu'elle risque de se mettre à pleurer si on ne fait pas attention. *Clare is a sensible person* signifiera qu'elle comprendra et ne nous en voudra pas.

### *Sheep* ou *mutton* ?

Le tout est de savoir si la bête est dans un pré ou dans une assiette. Vivante, c'est du *sheep*. En sauce, c'est du *mutton*. De la même façon, vous ne pourrez manger du *pork* qu'après avoir tué le *pig*, ou du *beef* que quand la *cow* sera découpée… Pour le cheval ? Voyons, en Angleterre, le cheval ne se mange pas !

### *Shocking* ou *shocked* ?

Le problème ici vient de la différence entre la forme *-ed*, à valeur passive, et la forme en *-ing*, à valeur active. Si je regarde la TV, je trouverai peut-être les images *shocking*, et dans ce cas je serai *shocked*.
Le problème se retrouve avec d'autres formes : *interested/interesting, bored/boring, surprised/surprising*...
Il faut donc savoir qui fait quoi…

### *Spirit* ou *mind* ?

Comme souvent, le mot à racine latine a une valeur plus intellectuelle, plus… spirituelle que celui d'origine anglo-saxonne.

### *Teach* ou *learn* ?

Pourquoi ces deux mots sont-ils si souvent confondus ? *Teach* signifie « enseigner », c'est ce que fait le *teacher*… L'élève, lui, *learns*. Il est alors *a learner*…

### *Terrible* ou *terrific* ?

Attention : s'ils peuvent tous les deux signifier « affreux », « épouvantable », un seul peut être utilisé dans le sens de « sensationnel », « formidable »… Faire le mauvais choix vous expose à des conséquences imprévisibles ! Dire à votre vieille tante : *Oh, you've been to the hairdresser, your hairstyle is terrific* passera peut-être. Par contre, si vous dites : *Your hairstyle is terrible*, vous serez définitivement déshérité !

### *Too* ou *also* ?

Ces deux-là ne sont pas interchangeables. *Too* s'emploie à la fin d'une phrase, pour clore une liste : *I like cakes, cookies, pies and I like sweets too…* *Also*, lui, s'utilise avant un verbe, pour ajouter un élément : *I like cakes, cookies, pies and I also like sweets…*

### *Weather* ou *whether* ?

Une petite lettre qui ne s'entend même pas fait toute la différence… *Weather* concernera la météo : *What will the weather be like tomorrow? Whether* permettra d'hésiter entre deux possibilités : *I wonder whether it will rain or not…*

## Créer des mots

L'anglais utilise largement autant que le français la dérivation et la composition pour créer de nouveaux mots.

## La dérivation

À partir d'un mot racine, on peut utiliser un préfixe ou un suffixe ou les deux à la fois pour changer le sens ou la nature d'un mot.
Par exemple, à partir du verbe *believe* (« croire »), on peut ajouter le suffixe *-able* pour obtenir un adjectif, *believable* (« croyable »), puis le préfixe *un-* pour obtenir l'adjectif de sens opposé : *unbelievable* (« incroyable »). Bien connaître les affixes est une aide pour comprendre. Il faut aussi bien les repérer si on utilise un petit dictionnaire car il n'y a pas toujours d'entrée particulière pour les mots dérivés. Ainsi, pour trouver le sens de *uneasy*, il faut chercher à "*Easy*".

### Les préfixes

Un préfixe ne fait pas changer le mot de catégorie grammaticale : un adjectif reste un adjectif, un nom reste un nom, etc.
***Easy➔ Uneasy :*** Pas facile, pas bien
*Discomfort* (nom) : Inconfort
Mais un préfixe change le sens des mots…
• ***un-, dis-, im-, il-, ir-, non-*** expriment le contraire.
***Clear➔ Unclear :*** Pas clair
*Dislike* : Ne pas aimer

*Illegal* : Illégal
*Non-existant* : Inexistant
*Inefficient* : Inefficace
*Incredible* : Incroyable
*Irresponsible* : Irresponsable
*Unusual* : Inhabituel
*Illiterate* : Illettré
*Non-smoker* : Non fumeur

• ***mis***- indique une erreur.
***Judge➔ Misjudge :*** Mal juger
*Misunderstand* : Mal comprendre
*Mistake* : Erreur
*Mispronounce* : Mal prononcer

• ***over***- indique un excès.
***Crowded➔ Overcrowded :*** Bondé
*Overestimate* : Surestimer
*Overfeed* : Trop nourrir
*Overpriced* : Trop cher
*Over population* : Surpopulation
*Overheated* : Surchauffé

• ***under***- exprime l'insuffisance.
***Estimate➔ Underestimate :*** Sous-estimer

*Undernourish* : Mal nourrir
*Underpopulated* : Sous-peuplé
*Underprivileged* : Défavorisé
*Underqualified* : Sous-qualifié

## Les suffixes

Un suffixe fait changer le mot de catégorie : il peut transformer un adjectif en nom, un adjectif en adverbe et un verbe en adverbe. Par exemple, active (adjectif)
➔ *activity* (nom)
➔ *actively* (adverbe)

• ***-less*** transforme un nom en adjectif (sens privatif). Ce suffixe est très riche ; avec lui, on peut créer des mots en toute liberté – à la différence des autres suffixes, qui s'utilisent selon des usages établis qu'il vaut mieux vérifier dans le dictionnaire.

***Home (nom)➔ Homeless :*** Sans abri
*Moneyless* : Sans argent
*Sleeveless* : Sans manches
*Roofless* : Sans toit

• ***-ness*** transforme un adjectif en nom abstrait.
***Soft (adjectif)➔ Softness :*** Douceur

*Shyness* : Timidité
*Effectiveness* : Efficacité

• ***-ful*** transforme un nom en adjectif.
***Care (nom)➔ Careful :*** Attentif
*Beautiful* : Beau
*Hopeful* : Plein d'espoir
*Wonderful* : Merveilleux
*Helpful* : Serviable

• ***-able*** transforme un verbe ou un nom en adjectif.
***Drink (verbe)➔ Drinkable :*** Potable
*Understandable* : Compréhensible
*Lovable* : Adorable
*Washable* : Lavable

• ***-er*** transforme un verbe en nom. Il indique une personne qui agit.
***Employ (verbe)➔ Employer :*** Employeur
*Painter* : Peintre
*Worker* : Ouvrier
*Teacher* : Professeur

• ***-ee*** transforme un verbe en nom. Il indique une personne qui subit.

***Employ→ employee :*** Employé
*Trainee* : Stagiaire
*Detainee* : Détenu
*Addressee* : Destinataire

- ***-ly*** transforme un adjectif en adverbe. L'emploi de ce suffixe est très répandu, notamment pour les adverbes de manière.

***Calm (adjectif)→ Calmly :*** Calmement
*Excitedly* : Avec excitation
*Quickly* : Rapidement
*Comfortably* : Confortablement
*Nicely* : Agréablement

- ***-hood*** ne change pas de catégorie grammaticale, mais il transforme un nom concret en un nom abstrait.

***Child (nom)→ Childhood :*** Enfance
*Adulthood* : Âge adulte
*Parenthood* : L'état de parent
*Motherhood* : Maternité
*Brotherhood* : Fraternité
*Neighbourhood* : Voisinage

## Les noms composés

L'anglais dispose d'un moyen très souple pour former de nouveaux mots en combinant deux ou plusieurs mots pour obtenir un nom composé (ou, un peu plus rarement, un adjectif composé).
L'élément essentiel d'un nom composé est toujours le dernier ; c'est lui qui est le mot-clé, tandis que ce qui le précède le qualifie ou le précise.
Par exemple, dans *a bus driver*, le mot important est *driver*, que l'on peut opposer à *taxi driver*.

### Les composants

Les éléments d'un nom composé, le plus souvent deux noms, sont parfois simplement juxtaposés, parfois accolés, parfois reliés par un tiret selon la fréquence de l'usage du mot composé.
*A bookshop* : Une librairie
*A shoe shop* : Un magasin de chaussures
D'autres formations sont possibles : gérondif + nom, particule + nom, ou nom + particule.
*A sewing machine* : Une machine à coudre
*Snowboarding* : Surf (de neige)
*A checkout* : Une caisse (de supermarché)

Pour traduire un mot composé, on commence par le dernier mot, puis l'avant-dernier, puis on remonte.
*An evening dress rental service* : Un service de location de robes du soir

## Le pluriel

Le premier élément ne prend pas la marque du pluriel, sauf dans quelques exceptions. Le pluriel se forme en ajoutant un *-s* à l'élément principal (le dernier). Par exemple, *a bus driver* (et non ~~*a buses driver*~~) ⇛ *bus drivers* : des conducteurs d'autobus.
Quelques exceptions…
*A sports car* : Une voiture de sport
*A clothes shop* : Un magasin de vêtements

## Les emplois

On utilise un nom composé quand la relation entre les deux noms est reconnue comme constante : on crée une nouvelle catégorie.
Le sens de la relation entre les noms est divers : lieu, usage, matière, cause, etc.

- Lieu

*The town centre* : Le centre-ville
*New York station* : La gare de New York

• Matière
*A stone house* : Une maison de pierre
*A leather case* : Une valise de cuir

• Appartenance à un groupe
*A family business* : Une affaire de famille
*A business meeting* : Un rendez-vous professionnel

• Temps
*An evening class* : Un cours du soir
*A Sunday paper* : Un journal du dimanche

• Usage
*A fish knife* : Un couteau à poisson
*A racing car* : Une voiture de course

• Activité
*A window cleaner* : Un laveur de carreaux
*A traffic controller* : Un contrôleur aérien

Attention à la distinction entre contenant et contenu !
*A tea cup* : Une tasse à thé
*A cup of tea* : Une tasse de thé
*A wine glass* : Un verre à vin
*A glass of wine* : Un verre de vin

# Les « faux-amis »

### *Actual*

*Actual* signifie « réel », *actually* signifie « en fait, vraiment ».
*Actually, I think it's very good.* « Actuel » se traduit par *present* ou *current.*

### *Attend*

*Attend* signifie « fréquenter », « assister à ». *You attend a meeting, a school, university.* « Attendre » se traduit par *wait for.*

### *Bless*

*Bless* ne signifie pas « blesser » mais « bénir ». *God bless you!* Dieu te bénisse !

### *Camera*

C'est plutôt un appareil photo. Une caméra se dit *a movie camera* ou *a film camera.*

### *Chance*

Pas de chance ! C'est aussi un faux ami. *Chance* veut dire « occasion », comme dans « Il y a peu de chances que… ». « Avoir de la chance » se dit *be lucky.*

### Charge
*A charge* signifie « les frais » et *to charge* signifie « facturer ». « Une charge » (à porter) se dit *load* ou *burden*.

### Crime
*Crime* est un délit et non un « crime » qui se traduit par *murder*.

### Cry
*Cry* veut dire « pleurer ». « Crier » se dit *shout* ou *yell*. Attention : *a cry* est un vrai ami et veut dire « un cri » !

### Date
*A date* est bien une date mais c'est aussi un « rendez-vous galant » et, par voie de conséquence, un petit ami (ou une, bien sûr !) – il y a toujours une date sous-entendue…

### Deceive
Ce n'est pas « décevoir » mais « tromper ». *Deception* est donc une « tromperie » et non une « déception », laquelle se dit *disappointment*.

### *Demand*

*Demand* veut dire « exiger ». *It's a demanding job* : C'est un travail exigeant. « Demander » se traduit par *ask*. Mais attention : le nom *demand* correspond au français dans une expression comme « l'offre et la demande ».

### *Exhibition*

Pas d'« exhibition », ici, mais une « exposition » souvent très sérieuse.

*A painting exhibition* : Une exposition de peinture.

### *Figure*

*Figure* signifie « chiffre » ou « silhouette ». *He is good at figures* : Il connaît bien les chiffres. *She has a good figure* : Elle a une jolie silhouette. « Figure » se traduit par *face*.

### *Hazard*

Ce n'est pas le « hasard » mais un « danger », un « risque » ! *Pollution is a health hazard* : La pollution est un danger pour la santé.

### *Injure*

Pas « d'injure » dans ce mot,

mais une « blessure ». *He was severely injured* : Il a été gravement blessé.

### Issue

Ne cherchez pas « l'issue de secours » (*Emergency exit*) dans ce mot. C'est un « problème ». *It's a very serious issue* : C'est un problème très grave.

### Journey

*A journey* n'est pas « une journée » mais « un voyage »…

### Library

On n'y achète pas de livres, on en emprunte. *A library* est une « bibliothèque ». Une « librairie », c'est *a bookshop*.

### Note

C'est bien une « note », dans le sens de prendre des notes… mais pas celle du restaurant. Les Américains disent *the check*, les Anglais disent *the bill*. À l'école, c'est *marks* ou *grades*.

### Patron

Ce n'est pas un patron (*a boss*) mais un client, dans un restaurant, par exemple.

### *Performance*

Ce mot s'emploie surtout dans le monde du spectacle. C'est une « prestation ». Pour un sportif, c'est *exploit, result* ou *achievement*.

### *Relative*

*A relative*, c'est un « parent ».

### *Rude*

*Rude* ne veut pas dire « rude » mais « impoli » ou « mal élevé ». « Rude » se traduit par *rough* ou *hard*.

### *Sale*

*Sale* ne signifie aucunement « sale » mais « soldes » ou « vente ». *It was on sale* : C'était en soldes. *For sale* : À vendre. « Sale » se traduit par *dirty*.

### *Sensible*

*Sensible* signifie « sensé ». *It was the sensible thing to do.* « Sensible » se traduit par *sensitive*.

### *Slip*

*A slip* n'est pas un sous-vêtement mais un « petit morceau »: *a slip of paper.* Un « slip » se dit *pants* (pour les hommes) ou *knickers* (pour les femmes) ou, plus discrètement, *underwear. To slip* veut dire « glisser », comme sur une peau de banane.

### Stage

*Stage* signifie « étape » ou « scène » (au théâtre). *By stages* : Par étapes. Pour traduire « stage », on dit *work experience* ou *training period.*

### Suite

*Suite* veut dire « suite » seulement dans un hôtel ! Sinon, on utilise *follow-up* ou *next episode.*

### Supply

*Supply* ne veut pas dire « supplier » mais signifie « fournir » ou, si c'est un nom, « stock », « provision ». *Supply and demand* : L'offre et la demande. « Supplier » se traduit par *implore.*

### Survey

*Survey* ne signifie pas « surveiller » mais « enquêter » ou « enquête ». *According to a survey published in…* Selon une enquête publiée dans… « Surveiller » se traduit par *watch.*

### *Tentative*

*Tentative* n'est pas un nom mais un adjectif qui signifie « hésitant ». *Her voice was tentative* : « Sa voix était hésitante ». Pour traduire « tentative », on dit *attempt*.

### *Toilet*

*Toilet* s'emploie uniquement pour « les toilettes ». *He wants to go to the toilet.* « Faire sa toilette » se traduit par *to have a wash* ou, plus discrètement, par *to get ready*.

### *Vest*

Si vous portez ce vêtement, vous ne serez peut-être pas admis dans les endroits chic !

*Vest* n'est pas une « veste » mais un sous-vêtement ! Aux États-Unis, ce mot désigne un gilet. Pour parler d'une « veste », on dit *jacket*.

## Traduire les mots outils

### À

### *To*

*To* indique une visée « vers » quelque chose ou quelqu'un : un lieu, une personne, un moment, etc.

- Lieu
  *She goes to school* : Elle va **à** l'école.
- Personne (attribution)
  *He gave some money to his sister* : Il a donné de l'argent **à** sa sœur.
- Moment
  *He works from 9 to 5* : Il travaille de 9 heures **à** 5 heures.
- Visée
  *I have nothing to say* : Je n'ai rien **à** dire.

### At

*At* situe dans l'espace ou dans le temps, quand il n'y a pas de changement.

- Lieu
  *She is at school* : Elle est **à** l'école.
- Moment
  *I started at 10 o'clock* : J'ai commencé **à** 10 heures.

### In

*In* se rapproche de *at* car il n'implique pas de changement ; il situe aussi dans l'espace et dans le temps.

- Devant un nom de ville
  *He lives in London* : Il habite **à** Londres.

- Devant une indication de temps (mois, année)
  *In 2010* : **En** 2010.

### ø (rien)

« À » n'a pas d'équivalent visible dans les cas suivants.

- Après les verbes qui sont transitifs en anglais alors qu'ils sont intransitifs en français.
  *He told his mother about his trip* : Il a parlé de son voyage **à** sa mère.
- Devant une forme en *-ing* dans certaines constructions à deux verbes.
  *I started working* : J'ai commencé **à** travailler.
- Dans un nom composé pour indiquer l'usage.
  *A sewing machine* : Une machine **à** coudre.

## Comme

### *Like*

- *Like* permet de comparer ; il introduit un nom ou un pronom.
  *She is very tall, like her mother* : Elle est très grande, **comme** sa mère.
- En américain familier, on utilise aussi *like* pour introduire une proposition, mais ce n'est pas très correct.

*They don't behave like we do* : Ils ne se conduisent pas **comme** nous.

## As

*As* a plusieurs sens.

- Il établit une comparaison ; il introduit une proposition.
  *As I told you before…* : **Comme** je te l'ai déjà dit…

- Il signifie « en tant que »; il introduit un nom.
  *I think he is very good as a teacher* : Je pense qu'il est très bon **comme** professeur.

- Il exprime la cause ; il introduit une proposition.
  *As I thought she was very nice, I invited her for dinner* : **Comme** je l'ai trouvée très sympathique, je l'ai invitée à dîner.

## As if

*As if* signifie « comme si ».

*She answered as if she knew me* : Elle a répondu **comme** si elle me connaissait.

### How

*How* introduit un adjectif dans une phrase exclamative. Attention à l'ordre des mots qui n'est pas celui du français.
*How nice she is!* Comme elle est sympathique !

## Dans

### In

*In* situe dans l'espace ou dans le temps, quand il n'y a pas de changement.

- Lieu
  *They are in the park* : Ils sont **dans** le parc.

- Temps (devant un nom de durée pour parler du futur)
  *I'll be ready in twenty minutes* : Je serai prêt **dans** vingt minutes.

### Into

*Into* indique un lieu dans lequel on entre. Il est associé à un verbe de mouvement.
*They bought a ticket and went into the park* : Ils ont acheté un billet et sont entrés **dans** le parc.

### *Out of*

*Out of* exprime une idée d'extraction.
*He took a coin out of his pocket* : Il a pris une pièce **dans** sa poche.

### *On*

*On* s'emploie devant les mots *bus, train, plane.*
*I met him on the train* : Je l'ai rencontré **dans** le train.

## De

### *From*

*From* indique la provenance ou l'origine.

- Dans l'espace
  *We are coming from London* : Nous venons **de** Londres.
- Dans le temps
  *I work from 9 to 5* : Je travaille **de** 9 heures à 5 heures.

### *Of*

*Of* introduit un complément de nom.
*Look at the door of this house* : Regarde la porte **de** cette maison.

**Un génitif** (voir p. 109)

« De » se traduit par un génitif pour indiquer :

- la possession
  *My friend's car* : La voiture **de** mon ami(e).
- la parenté
  *My cousins' mother* : La mère **de** mes cousins.
- la date
  *Today's paper* : Le journal **d'**aujourd'hui.

**ø (rien)**

« De » n'a pas d'équivalent visible dans les noms composés pour indiquer :

- la matière
  *A stone wall* : Un mur **de** pierre.
- le moment
  *Lunchtime* : L'heure **du** déjeuner.
- la nature
  *Security measures* : Des mesures **de** sécurité.

## Depuis

### *For*

*For* s'utilise devant un nom indiquant une durée, dans une phrase comportant un verbe au *present perfect.*

*He has waiting for twenty minutes* : Il attend **depuis** vingt minutes.

### Since

*Since* s'emploie pour indiquer l'origine ou le point de départ devant une indication de date ou d'horaire, ou bien une proposition.

*I have been waiting here since 12:30* : J'attends ici **depuis** 12 h 30.

*I have been sitting here since I arrived* : Je suis assis ici **depuis** que je suis arrivé.

### How long

*How long* s'emploie pour demander « depuis quand » dans une question.

*How long have you known them?*

**Depuis quand** les connaissez-vous ?

### From

*From* indique un point de départ dans un ordre ou une quantité.

*From row 19 to row 45* : **Du** rang 19 au rang 45.

## Dont

### *Whose*

*Whose* a gardé le sens de son origine : il était le génitif de *who*. Il indique donc une relation de possession ou de parenté.

*The man whose car is over there is my brother* : L'homme **dont** la voiture est là-bas est mon frère.

### ø (rien)

« Dont » n'a pas d'équivalent visible dans les cas où il dépend d'un complément de verbe intransitif ou d'un adjectif. Le choix de la préposition, rejetée en fin de phrase, dépend du verbe ou de l'adjectif.

*The way she speaks* : La façon **dont** elle parle.

*The person you are talking about* : La personne **dont** tu parles.

*The project he is responsible for* : Le projet **dont** il est responsable.

### *En*

« En » a de très nombreuses traductions qui rendent compte de ses valeurs diverses.

### *In*

*In* situe dans l'espace ou dans le temps, quand il n'y a pas de changement. Il précise aussi l'état, la composition, la présentation, etc.

- Lieu, devant les noms de ville, de pays ou de région
  *They live in England* : Ils vivent **en** Angleterre.
- Temps, devant une année, un mois ou une durée
  *He ran the marathon in 5 hours in May* : Il a couru le marathon **en** 5 heures **en** mai.
- État
  *They are in good shape* : Ils sont **en** bonne forme.
- Langue
  *It's in English* : C'est **en** anglais.

### *By*

*By* introduit un moyen, notamment un moyen de transport : *car, bus, train, plane.*

*They went by bus* : Il sont allés **en** bus.

### *Within*

*Within* précède une indication de durée. Il signifie « dans un intervalle de ».

*He had finished within two weeks* : Il a eu fini **en** deux semaines.

### *Some/any*

*Some* ou *any* traduisent « en » quand il reprend une quantité indéfinie.
*We'got some wine. Would you like some?*
Nous avons du vin. **En** voulez-vous ?

### ø (rien)

- « En » n'est pas toujours visible devant un gérondif (on peut aussi trouver *on*, *in*, ou *by*).
  *Entering the room, she saw him* : **En** entrant dans la pièce, elle le vit.
- « En » n'est pas visible dans un nom composé pour indiquer la matière.
  *A gold ring* : Une bague **en** or.

## Encore

### *Again*

*Again* signifie « à nouveau ».
*Once again!* **Encore** une fois !

### *Still*

*Still* est utilisé dans des phrases positives, dans le sens de « toujours ».
*He is still in bed* : Il est **encore** au lit.

### *Yet*

*Yet* est utilisé avec *not*. C'est la forme négative de *still*.
*She is not ready yet* : Elle n'est pas **encore** prête.

### *More/another*

Ils indiquent une quantité supplémentaire.
*Would you like another biscuit and more coffee?*
Veux-tu **encore** un biscuit et du café ?

### *Even*

*Even* est utilisé devant un comparatif.
*It's even colder today* : Il fait **encore** plus froid aujourd'hui.

## Il y a

### *There is/There are, etc.*

*There is* + nom singulier ; *there are* + nom pluriel.
*There are lots of strange people here* : **Il y a** beaucoup de gens bizarres ici.

Cette expression s'utilise au présent comme au prétérit et peut se combiner avec les modaux et d'autres verbes.

*I'm sure there will be enough space* : Je suis sûr qu'**il y aura** assez d'espace.
*There seems to be a new tendency* : Il semble qu'**il y ait** une nouvelle tendance.

### *Ago*

*Ago* se place après une indication de durée.
*It started raining two hours ago* : Il a commencé à pleuvoir **il y a** deux heures.

## Par

### *By*

*By* indique la cause, l'agent, le moyen.

- Agent
  *The roof was damaged by the storm* : Le toit a été endommagé **par** la tempête.
- Moyen
  *I paid by cheque* : J'ai payé **par** chèque.
- Distribution
  *One by one* : Un **par** un.

### *Through/across*

*Through/across* s'appliquent à des lieux ou des directions.
*We went through the park* : Nous sommes passés **par** le parc.

### *Out of*

*Out of* peut exprimer un motif.
*Out of habit* : **Par** habitude.

### *For*

*For example* : **Par** exemple.

### *From*

*From* exprime l'origine.
*I heard it from my mother* : Je l'ai appris **par** ma mère.

## Pendant

### *During*

*During* introduit un nom indiquant une saison, une année, un événement.
*During the summer* : **Pendant** l'été.
*During the war* : **Pendant** la guerre.

### *For*

*For* introduit un nom indiquant une durée passée. Il s'emploie avec un verbe au prétérit.
*He lived here for two years* : Il a vécu ici **pendant** deux ans.

### *In*

*In* signifie « pendant » devant un nom de saison.
*It's in winter* : c'est en hiver.

### *While*

*While* signifie « pendant que ».
*Let's go and see Mary while you are here* : Allons voir Marie **pendant que** tu es ici.

## Que

« Que » est difficile à traduire car il a beaucoup d'emplois grammaticaux. De plus, bien souvent, il n'est pas visible en anglais.

### *That*

- *That*, conjonction, introduit une proposition complétive. Signalons qu'il peut être omis dans ce cas.

*I know (that) she is your friend* : Je sais **que** tu es son amie.

- *That*, relatif, introduit une proposition relative. Son antécédent peut être humain ou non humain.

Il est souvent omis aussi dans ce cas.

*The person (that) you had chosen* : La personne **que** tu avais choisie.

### *Which*

*Which* est un pronom relatif. Son antécédent est non humain.

*I like the book (which) you have just bought* : J'aime le livre **que** tu viens d'acheter.

### *What*

*What* est un pronom interrogatif.

*What do you want?* **Que** voulez-vous ?

### *Than*

*Than* introduit le complément du comparatif.

*He is nicer than Ben* : Il est plus sympathique **que** Ben.

### ø (rien)

« Que » est souvent invisible en anglais quand il est conjonction ou relatif (voir les exemples précédents où sa traduction est entre parenthèses).

- Proposition infinitive, après les verbes de volonté.
  *They want me to go* : Ils veulent **que** je parte.

### *How*

*How* introduit une exclamation portant sur un adjectif. Attention à l'ordre des mots.

*How silly he is!* **Qu'**il est bête !

## Qui

### *Who*

*Who* est un pronom relatif ou interrogatif.
Son antécédent est un humain.

*I know somebody who…* : Je connais quelqu'un **qui**…
*Who told you about it?* **Qui** t'en a parlé ?

### *Which*

*Which* est un relatif ou un interrogatif dont l'antécédent est non humain.

*The book which is on the table* : Le livre qui est sur la table.

# La bonne particule

## Les verbes à particules

Les verbes accompagnés d'une particule – soit particule adverbiale (elle modifie le sens du verbe) soit préposition (elle introduit un complément) – sont très courants en anglais.
En voici quelques exemples…

***Agree*** : Être d'accord
*Agree on* : Être d'accord sur…
*Agree with* : Être d'accord avec…

***Belong to*** : Appartenir à…
***Break*** : Casser
*Break down* : Tomber en panne
*Break out* : Éclater

***Bring*** : Apporter
*Bring up* : Élever

***Call*** : Appeler
*Call in* : Faire une visite
*Call off* : Annuler

*Carry* : Porter
*Carry on* : Continuer
*Carry out* : Réaliser un projet

***Depend on*** : Dépendre de…

***Do*** : Faire
*Do with* : Avoir besoin de…
*Do without* : Se passer de…
*Do up* : Restaurer

***Fill*** : remplir
*Fill in* : Remplir (un formulaire)

***Get*** : Obtenir
*Get away* : Partir
*Get back* : Revenir
*Get down* : Déprimer
*Get through* : Réussir
*Get through* : Avoir quelqu'un au bout du fil
*Get up* : Se lever

***Give*** : Donner
*Give back* : Rendre
*Give in* : Céder
*Give up* : Abandonner

***Go*** : Aller
*Go away* : Partir
*Go on* : Continuer
*Go through* : Vérifier

***Keep*** : Garder
*Keep on* : Continuer

***Laugh*** : Rire
*Laugh at* : Se moquer de…

***Listen to*** : Écouter

***Look*** : Regarder
*Look at* : Regarder quelque chose
*Look after* : S'occuper de…
*Look back on* : Se souvenir
*Look for* : Chercher
*Look forward to* : être impatient de…
*Look into* : Enquêter

*Look out* : Faire attention
*Look up* : Lever les yeux

***Make*** : Faire
*Make for* : Aller en direction de…
*Make up* : Inventer
*Pay for* : Payer

***Put*** : Poser
*Put on* : Mettre
*Put up with* : Supporter

***Take*** : Prendre
*Take after* : Ressembler
*Take back* : Reprendre
*Take down* : Noter
*Take off* : Décoller

***Turn*** : Tourner
*Turn off* : Éteindre
*Turn out* : S'avérer
*Turn up* : Arriver

***Succeed in*** : Réussir à…

***Talk to*** : Parler à…

***Throw away*** : Jeter
*Wake up* : Se réveiller
*Work* : Travailler
*Work out* : Calculer

## Les verbes transitifs directs

Certains verbes se construisent sans préposition devant leur complément d'objet direct, là où le français en met une.

***Ask somebody*** : Demander à quelqu'un
*If you don't know, just ask me!*

***Answer*** : Répondre à quelqu'un
*I will not answer you, you're too nosy.*

***Discuss*** : Discuter de
*I will not discuss this matter with you.*
*Go to bed!*

***Enter*** : Entrer dans
*He silently entered the room. It was empty.*

***Forbid*** : Interdire à quelqu'un
*I forbid you to see that man again, ever!*

***Obey*** : Obéir à quelqu'un
*So you really believe I will obey you?*

***Phone*** : Téléphoner à
*If you go on, I'll phone your mother.*

***Play*** : Jouer de
*I know you can play the flute, stop bragging!*

***Resist*** : Résister à
*I feel I will not resist the temptation any longer, sorry…*

***Teach*** : Enseigner à
*He taught me how to play the flute.*

## Les adjectifs

Certains adjectifs se construisent aussi avec une préposition.

***Be afraid of*** : Avoir peur de…

***Be amazed at/by*** : Être stupéfait de…

***Be angry at/with somebody*** : Être en colère contre quelqu'un.

***Be angry about something*** : Être en colère à propos de quelque chose.

***Be annoyed about/with somebody*** : Être contrarié par quelqu'un.

***Be annoyed at/by/with something*** : Être contrarié par quelque chose.

***Be anxious about*** : Être inquiet de/pour…

***Be ashamed of*** : Avoir honte de…

***Be aware of*** : Être conscient de…

***Be bad at*** : Être mauvais en…

***Be bored with*** : Être lassé de…

***Be busy with*** : Être occupé à…

***Be close to*** : Être proche de…

***Be crazy about*** : Être dingue de…

***Be dependent on*** : Dépendre de…

***Be different from*** : Être différent de…

***Be disappointed about/at something*** : Être déçu de quelque chose.

***Be disappointed with somebody*** : Être déçu par quelqu'un.

***Be familiar with*** : Bien connaître…

***Be famous for*** : Être célèbre pour…

***Be fed up with*** : En avoir assez de…

***Be fond of*** : Aimer beaucoup…

***Be frightened of*** : Avoir peur de…

***Be full of*** : Être plein de…

***Be furious about something*** : Être furieux de quelque chose.

***Be furious with somebody*** : Être furieux contre quelqu'un.

***Be glad of/about*** : Être ravi de…

***Be good at*** : Être bon en…

***Be grateful for something*** : Être reconnaissant de quelque chose.

***Be grateful to somebody*** : Être reconnaissant envers quelqu'un.

***Be happy about/with something*** : Être heureux de quelque chose.

***Be happy for/with somebody*** : Être heureux pour quelqu'un.

***Be impressed by*** : Être impressionné par…

***Be interested in*** : S'intéresser à…

***Be jealous of*** : Être jaloux de…

***Be keen on*** : Aimer beaucoup…

***Be kind to*** : Être gentil avec…

***Be mad at*** : Être furieux contre…

***Be mad about*** : Être passionné de…

***Be married to*** : Être marié avec…

***Be nice to*** : Être gentil avec…

***Be pleased about/at something*** : Être content de quelque chose

***Be pleased for/with somebody*** : Être content de quelqu'un

***Be polite to*** : Être poli avec…

***Be proud of*** : Être fier de…

***Be responsible for*** : Être responsable de…

***Be rude to*** : Être grossier avec…

***Be satisfied with*** : Être satisfait de…

***Be scared of*** : Avoir peur de…

***Be shocked at*** : Être bouleversé par…

***Be sick of*** : En avoir assez de…

***Be sorry about/for*** : Être désolé pour…

***Be surprised about/at something*** : Être surpris par quelque chose.

***Be surprised by somebody*** : Être surpris par quelqu'un.

***Be tired of/with*** : Être fatigué de.

***Be upset about/by*** : Être contrarié par.

***Be used to*** : Être habitué à.

***Be worried about somebody* :** Se faire du souci pour quelqu'un.

***Be worried about/at/by something* :** Se faire du souci à cause de quelque chose.

# Troisième partie

•

# LES RÈGLES À RESPECTER

## La forme des verbes

### Pour parler du présent

Le présent concerne toute action constatée au moment de l'énonciation (c'est-à-dire le moment où on fait, prononce ou écrit une phrase). Deux cas de figures peuvent se présenter…

#### Le présent simple

L'action est valide non seulement au moment de l'énonciation, mais elle l'était déjà avant, et le sera probablement encore ensuite.
Par exemple : *Barry loves English.* C'est vrai maintenant, mais c'était vrai hier, et ce sera vrai demain.
On utilise alors le présent simple, qui se construit de la façon suivante :
*I, we, you, they* + verbe, *he/she/it* + verbe + -***s***.

Pour les formes interrogatives et négatives, on utilisera l'auxiliaire *do*.

Ex : *He does not like German.*
*Does he like Spanish?*

### Le présent be + verbe en -ing

L'action est valide au moment de l'énonciation, on la voit, on la décrit. Par exemple : *the cat is sleeping*. On le voit en train de dormir, on décrit ce qu'il fait. On utilise alors le **présent** *be* + verbe en *-ing*, qui se construit de la façon suivante :
*I am* + verbe en ***–ing***,
*he/she/it is* + verbe en ***–ing***,
*we, you, they are* + verbe en ***-ing***.

Pour les formes interrogatives et négatives, on joue sur la place de l'auxiliaire *be*.

Ex : *What is this noise? Is she crying?*
*– No, she is not crying, she is singing!*

## Pour faire le lien entre le présent et le passé

### Le present perfect

On s'intéresse aux conséquences d'une action au moment de l'énonciation, même si l'action elle-même a eu lieu auparavant.
Par exemple : *you have eaten the last cookie!* Je ne m'intéresse pas au moment où tu as mangé le gâteau, l'important, c'est que maintenant, la boîte est vide et je n'en ai plus ! Dans ce cas, on utilisera le **present perfect**, qui se construit de la façon suivante :

*I, we, you, they* ***have*** + **participe passé**,
*he/she/it* ***has*** + **participe passé**.

Pour les formes interrogatives et négatives, on utilisera l'auxiliaire *have*.
Ex : *You have not done the washing up!*
*Have you done anything today?*

Ce temps sera utilisé pour faire un bilan avec les prépositions *for* et *since*, signifiant « depuis ». *For* introduit une durée. Ex : *For two hours* (« Depuis deux heures », soit 120 minutes…).

*Since* introduit le moment de départ de l'action.
Ex : *Since two p.m.* (depuis deux heures de l'après-midi, le nombre de minutes changeant alors régulièrement...).

***NB*** : le participe passé des verbes réguliers se forme en ajoutant la terminaison *-ed* à la racine. Pour les verbes irréguliers, se référer à la troisième colonne du tableau en fin d'ouvrage.

## Pour parler du passé

### Le prétérit simple

Quand on se réfère à un moment passé et bien délimité dans le temps (on trouve alors généralement des marqueurs de temps comme *yesterday, when he arrived...*), on utilise le **prétérit**. Par exemple : *Last weekend, we went to the zoo.* Il s'agit bien d'un moment précis (*last weekend*) n'ayant plus de lien avec le présent ; on est effectivement arrivé à ce zoo (et l'on en est même reparti !)... Le **prétérit** se forme de la façon suivante :
Sujet + verbe en ***-ed***, si le verbe est régulier ;
Sujet + forme au prétérit, si le verbe est irrégulier (se référer alors au tableau à la fin du livre).

Pour les formes interrogatives et négatives, on utilisera l'auxiliaire *did*.
Ex : *Did you like the elephant? – Yes, but we did not see the giraffe, it had a toothache.*

## Le prétérit be + verbe en –ing

Toujours quand on se réfère à un moment précis et terminé du passé ; mais ici, on veut indiquer qu'une action qui se déroulait a été interrompue par une autre : on utilisera le **prétérit** *be* + verbe en ***-ing.***
Ainsi, si je dis : *I was having a bath when I saw a big spider on the ceiling*, l'action de prendre un bain se déroulait tranquillement (donc elle est à la forme *be* + verbe en *-ing*) jusqu'au moment où elle a été interrompue par la découverte de l'araignée (action qui est à la forme du prétérit simple).
Le prétérit *be* + verbe en *-ing* se forme de la façon suivante :
*I/he/she/it* ***was*** + verbe en -***ing***,
*we/you/they* ***were*** + verbe en -***ing***.

Pour les formes interrogatives et négatives, on joue sur la place de l'auxiliaire *was* ou *were*.
Ex : *Was it running away?*

*– No, it was not running away, it was just getting ready to jump on me!*

### Le past perfect

Si on veut préciser qu'une action s'est passée avant le moment passé dont on était en train de parler, on utilisera le **past perfect**.

Ainsi, si je dis : *He married the girl he had met at the zoo*, on indique bien que la rencontre au zoo a eu lieu avant le mariage. L'honneur est sauf. Cette forme verbale se construit avec l'auxiliaire *had* :

sujet + ***had*** + ***participe passé***.

Pour les formes interrogatives et négatives, on joue sur la place de l'auxiliaire *had*.

Ex : *Had they fallen in love at first sight?*

*– No she had not even noticed him…*

## Pour parler du futur

### Will + verbe

Il n'y a pas de temps futur en anglais. Pour parler d'une action qui n'a pas encore eu lieu, on utilisera le plus souvent l'auxiliaire *will*.

Sujet + ***will*** + verbe.
Cet auxiliaire permet de faire une prédiction on fonction de ce que l'on sait ou de ce que l'on décide. Ainsi, si je dis : *I will stop smoking tomorrow*, je fais bien une prédiction en fonction de ce que je décide…

Si un ami me dit : *Of course not, you will not stop smoking!* il fait une prédiction en fonction de ce qu'il sait de moi… Mais il risque d'être étonné.

Pour les formes interrogatives et négatives, on joue sur la place de l'auxiliaire *will.*
Ex : *Will you ever smoke again?*
– *Of course not, I'll not even touch a cigarette anymore.*

**Be going to + verbe**
Une autre forme très courante peut s'utiliser si la prédiction se fait grâce à la présence d'indices : la forme ***be + going to***.
*Jane looks really angry, she is going to slam the door…*
C'est bien l'observation de Jane et de la situation (elle s'approche de la porte) qui me permet de faire cette prédiction.

### Le présent simple

Si la prédiction se fait en fonction d'un programme bien établi, on utilise le présent simple.
Ex : *The train leaves at 7:30.*

### Le présent be + verbe en –ing

Si on utilise un marqueur de temps futur et que l'on parle d'un projet déjà prêt, on utilisera le présent ***be* + *verbe -ing***.
Ex : *We are leaving for the seaside tomorrow morning.*

## Pour faire des suppositions

a. Si on imagine le présent autrement qu'il n'est, on utilise la forme ***if* + prétérit**… ***would* + verbe**. *If we had money, we would go on holiday to the Bahamas.* La réalité, en fait, est qu'on ira en vacances dans le Perche. Mais grâce à *would*, on peut imaginer la réalité autrement. Et – on ne sait jamais – les miracles existent parfois !

b. Si c'est le passé qu'on imagine autrement, on utilisera la structure ***if* + *had* + participe passé**… ***would* + *have* + participe passé**.

*If we had had money, we would have been to the Bahamas…* Oui, mais on est déjà rentrés à la maison, il n'y a pas eu de miracle…

c. Et puis, on peut faire des projets, avec la structure ***if*** + **présent simple**… ***will*** + **verbe** : *If we have money, we'll go to the Bahamas.* Je viens de jouer au Loto, on ne sait jamais…

## Pour donner son opinion

### Les degrés de probabilité

Pour donner son opinion sur la probabilité d'un état ou d'une action, on peut utiliser les auxiliaires modaux ***can, may, might, could*** ou ***must***.

*He can't be at home.*
(normalement, il devrait être à son bureau…).
*He might be at home.*
(mais je ne me mouille pas, je n'en sais rien, en fait).
*He may be at home.*
(je ne m'engage pas beaucoup non plus).
*He could be at home.*
(vu l'heure, c'est possible…).

*He must be at home.*
(en fait, sa voiture est là, alors...).

**Porter un jugement ou faire pression sur autrui**

Pour porter un jugement ou faire pression sur le sujet d'une phrase, on utilise aussi les auxiliaires modaux. ***Can,*** pour dire qu'on estime que le sujet est capable de faire quelque chose : *My son can swim.*

***May***, pour donner l'autorisation au sujet grammatical de faire quelque chose : *Yes, you may have a sweet, darling.* De plus en plus, l'auxiliaire *can* est utilisé aussi dans ce cas.

***Must,*** pour faire pression sur le sujet afin qu'il obéisse : *Sue, you must lend me your new blue dress for Val's wedding.*

***Mustn't*** ou ***may not,*** pour interdire quelque chose au sujet : *You mustn't/may not smoke in my car!*

***Should,*** pour donner un conseil : *You should not leave me alone with this cake, Darling.*

### *Les substituts des modaux*

Les modaux sont invariables et ne peuvent pas se conjuguer. Il conviendra, pour les autres temps que le présent, d'utiliser des substituts…

***Be able to,*** pour exprimer la capacité : *Mark wasn't able to open the room's door, so we had to sleep in the car.*

***Be allowed to,*** pour exprimer une permission ou une interdiction : *The dog was not allowed to enter the hotel, so we had to sleep in the car.*

***Have to,*** pour exprimer une obligation : *I had to sleep in the car!*

## Les mots interrogatifs

Pas de difficulté pour les questions qui ne demandent comme réponse que *yes* ou *no*. On utilise simplement les verbes à la forme interrogative.

Mais pour toutes les autres questions, il faut savoir quel mot interrogatif utiliser.

### *Who*

Pour poser une question sur l'identité d'un être humain.

*Who* peut être sujet ou complément – ce qu'il est important de savoir pour décider de la forme du verbe.

*Who did you see?* Qui as-tu vu ?

*Who saw you?* Qui t'a vu ?

### *What*

Pour poser une question sur un objet. Comme *who, what* peut être sujet ou complément. Contrairement à *who*, il peut aussi être adjectif.

*What surprised you most?*

Qu'est-ce qui t'a surpris le plus ?

*What did you like best?* Qu'as-tu préféré ?

*What city did you like best?*

Quelle ville as-tu aimée le mieux ?

### *When*

Pas de difficulté : il interroge sur le moment.

*At what time?* À quelle heure ?

### *Where*

Comme *when*. Mais il interroge sur le lieu.

### *Why*

Il interroge sur la cause. On attend une réponse commençant par *because*. Attention : en français, « pourquoi » veut dire à la fois « pour quelle raison » (*why*) et « pour quoi faire » (non, non : pourquoi et pour quoi ! Dans ce dernier cas, on utilise *What…for?* et on attend comme réponse ***in order to*** + **verbe**.
Ex : *What did you do that for?*

### *Which*

*Which* ressemble à *what* mais il s'utilise quand on a un choix entre deux ou quelques éléments.
Ex : *What colours do you like?*
Quelles couleurs aimes-tu ?
*Among these three colours, which one do you like best?*
(« … laquelle préfères-tu ? »)

### *Whose*

À l'origine, *whose* était le génitif de *who*.
On l'emploie pour poser une question sur le possesseur d'un objet ou dans le cadre d'une parenté.
Il faut faire attention à la construction de la question avec *whose*.
*Whose car is this?* À qui est cette voiture ?

### *How*

*How* est un adverbe qui interroge sur la manière.
*How did you come?* Comment es-tu venu ?
C'est assez facile car c'est à peu près équivalent à « comment ». Mais on utilise aussi *how* dans de nombreuses compositions avec des adjectifs ou des adverbes selon ce sur quoi porte la question.

- Sur la quantité : *how much* ou *how many* (*much* + singulier, *many* + pluriel).
- Sur le prix : *how much.*
- Sur l'âge : *how old.*
- Sur la fréquence : *how often.*
- Sur la distance : *how far.*
- Sur la durée : *how long.*
- Sur la hauteur : *how high.*
- Sur la largeur : *how wide.*
- Sur le poids : *how heavy.*

## Déterminer les noms

Les déterminants servent, comme leur nom l'indique, à déterminer un nom, c'est-à-dire à préciser si le nom est singulier ou pluriel, et à dire si le nom a déjà été mentionné, s'il est connu ou s'il est rencontré pour la première fois.

## Les articles

### L'article *a/an*

Cet article s'utilise uniquement devant un nom dénombrable (c'est-à-dire que l'on peut compter, comme *table, child...* ) singulier.
Il permet d'introduire pour la première fois un nom qui n'a pas été rencontré : *There is a man in front of my house.* C'est la première fois que l'on parle de cet homme, dont on sait seulement qu'il est unique et qu'il correspond à la définition « homme ».

Il permet de singulariser un élément d'un ensemble : *He is a fireman.* On le situe dans l'ensemble des pompiers grâce à l'article *a/an.* Attention : en français, on ne mettrait pas d'article (« Il est pompier »).
Il peut précéder un nom représentatif de tout un ensemble : *A fireman is a very courageous man.* Il ne s'agit pas d'un pompier particulier, mais d'un pompier qui représente tous les autres.
Il peut avoir un emploi distributif :
*A fireman works 90 hours <u>a</u> week :*

« Un pompier travaille 90 heures par semaine »
Attention : devant un nom qui commence par un son vocalique (*umbrella, idol, hour*, etc.), l'article *a* devient *an*.

**L'article ø**

Cet article, ou plus exactement l'absence physique d'article équivaut à *a/an* devant un nom pluriel.
On dira donc : *There are men in front of my house.*
On parle donc de ces hommes pour la première fois, et on ne sait rien d'eux, si ce n'est qu'ils appartiennent à l'ensemble des hommes.

Il s'emploie devant un nom pluriel pour marquer une généralité : *Children admire firemen* (**tous** les enfants, **tous** les pompiers).

Devant un nom indénombrable (qu'on ne peut pas compter), il indique qu'il s'agit d'une notion…

- Les noms abstraits : *They have courage.*
- Les noms de matières ou de matériaux :
*They fight against fire.*
- Les noms de couleurs :
*Red is the colour of their vans.*
- Les noms de repas :

*They sometimes have no time for lunch.*
Il est utilisé dans certaines expressions figées…

- *Go to school/hospital/university/church/ work/bed*, etc.
- *By car/plane/bus/train*, etc.

Il s'emploie devant les noms propres au singulier…

- Les noms de personnes, mêmes précédés d'un titre : *Dr Jekyll.*
- Les noms de lieu au singulier et non suivis de *of* : *Britain/Europe/Mount Everest/Picadilly circus*, etc.

On l'utilise devant les jours et les mois :
*They even work on Sundays.*

**L'article *the***

Cet article s'utilise pour particulariser un nom, au singulier comme au pluriel.

Il indique qu'un nom a déjà été mentionné : *There was a man in front of my house. The man was dressed with a leather jacket.* On sait donc qu'il s'agit de l'homme dont on vient de parler.

Il est utilisé si le nom est identifié par la situation : *Open the door, please.* On sait de quelle porte il s'agit, celle qui est fermée juste devant nous.

Il s'emploie devant un nom identifié par ce qui suit : un complément introduit par *of* ou *in*, une proposition relative... Par exemple : *The man who was in front of the door was a fireman.*
Il ne s'agit pas de n'importe quel homme, mais de celui qui est devant la porte. *The uniform of the fireman was brand new.* Pas n'importe quel uniforme, celui du pompier (mais oui, celui qui est devant la porte !).

Il s'utilise devant ce qui est connu de tous : *The sun rises in the East.* Nul besoin de précision, tout le monde sait de quel soleil il s'agit...

Il précède un nom de pays au pluriel ou bien formé à partir de noms communs : *The USA, the United Kingdom...*
Il s'emploie devant les noms géographiques connus de tous (enfin, on peut le supposer) : chaînes de montagnes, mers, fleuves. *The Indian ocean, the Alps, the Channel, the Thames...*

## Les « quantifieurs » indéfinis

En anglais, il y a trois déterminants indéfinis qui signalent une quantité non définie. On les traduit en français par « du », « des » ou « de la ».

### *Some*

*Some* indique que le nom qu'il détermine existe. On l'utilise donc dans des phrases affirmatives.

Ainsi, dire : *There are some strange insects in my soup* signifie que les bestioles existent bien mais qu'on préfère ne pas les compter…

Il est possible d'utiliser *some* dans une phrase interrogative si on est sûr de l'existence du nom qu'il détermine ou si on veut convaincre l'interlocuteur de donner une réponse positive. Par exemple, il est préférable de demander : *Would you have some money to lend me?* de façon à influencer votre interlocuteur dans le sens qui vous intéresse… Demander : *Would you have any money to lend me?* serait beaucoup plus aléatoire…

### *Any*

Ainsi, *any* s'utilise pour indiquer que le nom qu'il détermine n'a pas d'existence réelle (ou qu'on n'est pas sûr

de cette existence). On l'emploie donc dans les phrases négatives ou interrogatives.
En demandant : *Would you have any money to lend me?* on sous-entend donc qu'il se pourrait bien qu'effectivement il n'y ait pas d'argent...
Et on s'expose donc à une réponse du type :
*No, sorry, I don't have any*... Et dans ce cas, l'existence de l'argent qui vous aurait bien aidé est définitivement rejetée...

### *No*

*No* a un sens négatif équivalent à *not any*. Il est toujours associé à un verbe positif.
Par exemple : *I have no money to lend you, sorry.*
Dans ce cas, la réponse est claire.

## Les autres « quantifieurs »

D'autres « quantifieurs » indiquent une quantité plus ou moins importante. Leur choix dépend parfois du type de nom : est-il dénombrable ou indénombrable ?

### *Pas de/aucun*

*No* ou *not any*, comme cela a été expliqué plus haut.

### *Peu de*

*Little* avec un indénombrable.
*Few* avec un dénombrable.
Par exemple : *Little money* et *Few houses.*

### *Un peu de*

*A little* avec un indénombrable.
*A few* avec un dénombrable.
*A little money, a few houses.*

### *Du/des/quelques*

*Some* ou *any*, comme expliqué ci-dessus.

### *Plusieurs*

*Several*, bien sûr, uniquement avec un dénombrable. Par définition, un indénombrable qu'on ne peut pas compter ne peut pas être plusieurs !
*Several people.*

### *Assez de*

*Enough* s'utilise à la fois devant des noms dénombrables et indénombrables : *I have enough water but not enough glasses.* Il peut aussi s'utiliser après un adjectif : *This wine is good enough for her!* ou après un verbe : *I have not slept enough.*

### *Beaucoup de*

*Much* s'emploiera devant les noms indénombrables : *I don't have much courage, this morning*, alors que *many* précédera les noms dénombrables : *He doesn't have many friends*. Il est également possible, dans l'un et l'autre cas, d'utiliser *a lot of* ou *lots of* : *A lot of people say I am a wonderful person*. *A lot of* se trouvera plutôt dans les phrases affirmatives, *much* et *many* dans les phrases négatives.

### *La plupart*

« La plupart » se traduira par *most* devant un dénombrable, par *most of the* devant un indénombrable. *Most children like watching TV. Most of the time, their parents do not agree.*

### *Tout le, toute la, tous les, toutes les*

Une seule expression peut s'utiliser pour tous ces cas : *all*. On dira donc : *All the parents I know refuse to let their children watch TV all the time. All programmes are not stupid, though.*

Il est aussi possible d'utiliser *each* ou *every* (+ singulier). *Every* + nom est suivi d'un verbe au singulier. Son sens est proche du français « chaque » mais on le traduit souvent par « tous les/toutes les ». Ainsi, on dira : *Everybody, every day* (« Tout le monde, tous les jours »).

## Les nombres

Bien sûr, comme chacun sait, ils indiquent une quantité. Cependant, ils sont souvent source d'erreurs.

### Orthographe

On confond parfois *fourteen* et *forty* (attention : pas *~~fourty~~*), *thirteen* et *thirty.*
On oublie souvent le trait d'union entre les dizaines et les unités : *Thirty-six.*

On oublie également, en anglais britannique, que les dizaines et les unités ajoutées à *hundred* et *thousand* sont précédées de *and.*
*Five hundred and forty-two.*

En français, les milliers sont séparés par un espace : 12 000 ; en anglais, on les séparera par une virgule : *12,000.* On notera au passage que les décimales, marquées par une virgule en français : 6,2 seront marquées par un point en anglais : *6.2* !

*Hundred, thousand, million, billion* sont invariables lorsqu'ils sont précédés d'un nombre ou de *several* : *Eight million people*, mais prennent un *-s* quand ils sont suivis de *of* : *Millions of people.*
« 0 » se dit *nought* en anglais, *zero* en américain. Attention : dans les numéros de téléphone, de bus ou de chambres d'hôtel, il se dit comme la lettre « o ».

# L'ordre des mots

## Adjectifs

Pas d'hésitation : l'adjectif est devant le nom qu'il qualifie. Là où le français se permet bien des fantaisies (on dit « un homme riche » mais « un bel homme »), l'anglais reste fidèle à sa règle : tout ce qui qualifie vient avant.
Donc, pour dire « Une belle voiture rouge », on dit : *A beautiful red car.*
Là où cela se complique, c'est quand il y a beaucoup d'adjectifs : on ne peut pas les répartir harmonieusement avant et après comme on le fait en français. On met le plus près du nom – donc en dernier – celui

qui lui est le plus intimement lié. *A nice old English village* : Un joli village anglais ancien.

## Adverbes

### Les adverbes de manière

Il se placent généralement après le complément mais parfois aussi entre le sujet et le verbe. Attention : on ne sépare jamais un verbe de son complément.

*I know Mrs Ramsden very well.*

~~*I know very well Mrs Ramsden*~~ est impossible.

*I really think she is innocent* : Je pense vraiment qu'elle est innocente.

### Les adverbes de fréquence

*Never, rarely, sometimes, occasionally, frequently, often, usually, always*, etc. Ils se placent :

- Avant le verbe, lorsque ce dernier a une forme simple.
- Après le premier auxiliaire lorsque le verbe est à une forme composée.
- Après *be.*

*They usually come home for lunch.*

*I have never seen anything like this.*

*They are always late.*

### Les locutions adverbiales de fréquence

*Every day, every two days, once a week, twice a month, three times a year*, se placent en fin de phrase. *We see them about once a year.*

### Les adverbes de lieu et de temps

*Here, there, downstairs, yesterday, tomorrow, today*, etc.

Pas de difficulté puisque, comme en français, ils se placent à la fin de l'énoncé ou, plus rarement, en début de phrase si on veut les mettre en relief.

*We'll go to the sea-side tomorrow.*

### Les adverbes de degré

*Too, very, more, totally, nearly, enough*, etc.

Ils se placent avant l'adjectif ou l'adverbe qu'ils modifient, comme en français, sauf *enough*, qui se place après.

*He is very famous but not rich enough to live in Hollywood.*

### Les adverbes négatifs

Ils sont un peu difficiles à manier : *hardly, barely, scarcely* (« à peine », « presque pas »). Ayant un sens négatif, ils ne peuvent être associés à une autre forme négative. Le verbe apparaît donc à la forme positive.

*I hardly know anybody* : Je ne connais presque personne.

## Nom + nom

Il y a deux sortes de compositions nominales : le génitif et le nom composé. Le nom principal vient toujours en dernier.

### Le génitif

Le dernier nom est déterminé par le premier. L'ordre est celui-ci : possesseur + *'s* + possédé.
*My brother's car* : La voiture de mon frère.

### Le nom composé

Le dernier nom est qualifié ou précisé par le premier.
*An office building* : Un immeuble de bureaux.

## Questions

Dans les questions, on utilise la forme interrogative : l'auxiliaire est placé avant le sujet grammatical.
*Have you read this book?*
As-tu lu ce livre ?

Rappelons que si le verbe est à un temps simple (présent ou prétérit), on utilise *do/does/did*.
*Where did you buy this book?*
Où as-tu acheté ce livre ?

Au style indirect, on garde l'ordre de la phrase déclarative.
*I'd like to know where you bought this book.*

### *Whose*

*Whose* se conduit comme un génitif (rappelons qu'il est à l'origine le génitif de *who*). Qu'il soit relatif ou interrogatif, il est directement suivi du nom qu'il introduit, sans article ni préposition.
*Whose car is this?*
À qui est cette voiture ?
*This is the man whose car has been stolen*
Voici l'homme dont la voiture a été volée.

# Quatrième partie

•

# PRONONCER L'ANGLAIS

## Sons, rythme et intonation

### Quelle panique !

Pourquoi les Anglais ne prononcent-ils pas comme nous ? Pourquoi ne prononcent-ils pas comme ils écrivent ? Tous les Français qui apprennent l'anglais se posent un jour ou l'autre ces questions, pris de panique devant quelqu'un qui parle une langue dans laquelle ils ne reconnaissent même pas les mots qu'ils sauraient pourtant lire sans difficulté.

### Les bonnes excuses

Les Français ont bien des excuses ! Disons, au moins trois :

- L'anglais possède vingt-deux sons vocaliques (deux fois plus que le français !) alors que l'alphabet latin que nous partageons ne comporte que six lettres dites « voyelles ».
- Les Anglais ont un système d'accentuation très fort – accent de mot et accent de phrase – qui n'a pas d'équivalent en français. On n'entend pas toutes

les syllabes en anglais ; c'est normal puisque les Anglais ne prononcent pas toutes les syllabes !

- Et puis, « Ils parlent vite ! » entend-on. Cela n'est pas forcément vrai mais c'est l'impression que nous avons.

## Pourquoi se donner du mal ?

Pour apprendre à mieux comprendre l'anglais oral, la meilleure solution est d'apprendre à imiter l'accent des Anglais : quand on sait produire un son, on le reconnaît. Quand on sait jouer avec l'intonation et l'accentuation, on en comprend les mécanismes, donc on reconnaît les mots et les phrases et l'on arrive à leur faire prendre sens.
Si nous vous invitons à mieux prononcer l'anglais, c'est surtout pour mieux le comprendre – et aussi, bien sûr, pour mieux vous faire comprendre.

Pour commencer, livrons-nous à un petit jeu : lisons ce début de chapitre avec un fort accent anglais – comme pour se moquer des Anglais – et observons comment nous faisons.

## Les sons : les voyelles

Commençons par nous concentrer sur les différences entre les sons de l'anglais et les sons du français. C'est dans le domaine des voyelles que les différences sont les plus importantes. Les voyelles anglaises présentent toutes des différences plus ou moins marquées avec les voyelles françaises qui leur sont proches.
Quand on désire savoir comment prononcer un mot, le dictionnaire est une aide efficace ; à condition de connaître les signes qui symbolisent les sons. Nous donnons ci-dessous les symboles phonétiques destinés à représenter les voyelles.

## Les sons : les voyelles

Commençons par nous concentrer sur les différences entre les sons de l'anglais et les sons du français. C'est dans le domaine des voyelles que les différences sont les plus importantes. Les voyelles anglaises présentent toutes des différences plus ou moins marquées avec les voyelles françaises qui leur sont proches.
Quand on désire savoir comment prononcer un mot, le dictionnaire est une aide efficace ; à condition de connaître les signes qui symbolisent les sons. Nous

donnons ci-dessous les symboles phonétiques destinés à représenter les voyelles.

### Les voyelles simples

Les voyelles se répartissent en deux groupes : les voyelles dites « longues » ou « tendues », que l'on reconnaît par le signe [ː] qui suit le symbole, et les voyelles dites « brèves » ou « non tendues », qui n'ont pas ces [ː].

### [ɪ] : sit

Le son anglais de *sit* est plus à l'avant que le son français de « site ». Il est plus court et moins tendu, et se rapproche du « e ». Les lèvres s'entrouvrent à peine.
➔ Exerçons-nous à comparer *tick* et « tique ».

### [iː] : tea

Il est beaucoup plus à l'arrière que le son français de « type » et beaucoup plus tendu. Les lèvres fournissent un effort et s'étirent vers les oreilles. C'est pour cela que l'on vous recommande de prononcer le mot *cheese* pour avoir un joli sourire lorsqu'on vous prend en photo.
➔ Exerçons-nous à comparer aussi *mean* et « mine » ou *bean* et « bine ».

### [e] : vet

Relativement proche du son français de « bête » ou « belle » ; juste un peu plus bref.

➔ Exerçons-nous à faire la différence entre « bête » et bet et à prononcer : *I met the vet at Ben's.*

### [æ] : cat

Situé entre le « a » et le « è » du français – mais plus près du « è ». Prononcez « a » en pensant à « è » – un peu comme quand on est vraiment dégoûté !

➔ Exerçons-nous à prononcer : *I'm bad at maths!*

### [ɑː] : bar

Très en arrière, dans le fond de la gorge. Entre le « a » et le « Oh ! » que l'on prononce quand on est choqué.

➔ Exerçons-nous à faire la différence entre « barre » et *bar* ou entre « quart » et car ou à prononcer : *This is Barbara's car.*

### [ʊ] : bush

Beaucoup moins tendu, plus en avant, et plus bref que le son français de « boule ».

➔ Exerçons-nous à faire la différence entre « boule » et *bull* ou à prononcer : *I took a book.*

### [uː] : moon

Plus en arrière que le son français de « boule ». Les lèvres se tirent en avant comme dans un moment de surprise amusée.

➔ Exerçons-nous à faire la différence entre « coule » et *cool* – presque comme une tourterelle qui roucoule – ou à prononcer : *The moon was blue.*

### [ɒ] : pot

Court, très détendu, plus ouvert que le « o », un peu comme quand on prononce « bof ».

➔ Exerçons-nous à prononcer : *A pot of hot coffee.*

### [ɔː] : door

Très en arrière, très profond dans la gorge, un peu comme on prononce « Oh ! » quand on est vraiment choqué.

➔ Exerçons-nous à faire la différence entre « dort » et *door* ou à prononcer : *There are four doors.*

### [ʌ] : cut

Beaucoup moins tendu que le son français de « rue », entre le [i] de *kit* et le [ɒ] de *pot*. Au milieu de la bouche.

➔ Exerçons-nous à faire la différence entre « but » et *but* ou entre « culte » et *cult* ou à prononcer : *The sun was dull.*

### [ɜː] : bird

Très ouvert, beaucoup moins tendu que le français du mot « nœud », plus proche du mot « cœur ». Les lèvres restent relâchées.

➔ Exerçons-nous à faire la différence entre « terme » et *term* ou à prononcer : *Turn around Sir.*

### [ə] : again

Voici une voyelle que, par définition, l'on n'entend presque pas ! Cette voyelle neutre n'existe que dans les syllabes inaccentuées des mots de plusieurs syllabes. Elle n'existe pas dans les mots d'une syllabe. Elle est très fréquente pour la forme faible des mots grammaticaux. *Father – Tradition – Attention – Children.*

**Les diphtongues**

Comme leur nom l'indique, les diphtongues sont composées de deux sons vocaliques. Rappelons que le français a aussi des diphtongues, comme dans les mots « veille » ou « maille ». Mais la différence est qu'en anglais, on accentue très fortement la première voyelle et l'on glisse sur la seconde, tandis qu'en français, les deux sons vocaliques sont plutôt juxtaposés et ont une importance équivalente.

➔ Exerçons-nous à comparer *my* et « maille ».

[aɪ] : **by** Mais aussi : *lie – my.*

[eɪ] : **mail** Mais aussi : *tale – tame.*

[aʊ] : **cow** Mais aussi : *town – clown.*

[ɔɪ] : **boy** Mais aussi : *toy – coin.*

[əʊ] : **cold** Mais aussi : *sold – blow – so.*

[ɪə] : **beer** Mais aussi : *clear – dear.*

[eə] : **pair** Mais aussi : *care – rare.*

[ʊə] : **poor** Mais aussi : tour – tourist.

## Les sons : les consonnes

Il y a sans doute moins de problèmes dans le domaine des consonnes car, même si vous estropiez un peu les consonnes, vous avez de bonnes chances d'être compris – et il y a même des Anglais pour trouver adorable d'entendre « Ze dort » au lieu de *the door*… Quand même, quelques consonnes difficiles à prononcer pour les Français méritent toute votre attention.

**Le « th »**

Cette consonne, typiquement anglaise – et très courante – n'a pas d'équivalent en français. Elle ne ressemble surtout pas au « z » ou au « s » mais se situe plutôt vers le « f » ou le « v ». Pour la prononcer correctement, vous devez avoir l'impression d'avoir un cheveu sur la langue : il vous faut insérer la langue entre les dents pour empêcher l'air de passer.

Cette consonne correspond à deux sons :

- le son sourd (*third – think – through*);
- le son sonore (*there – this – then – they*).

**Le « r »**

Le « r » anglais ne ressemble pas du tout au « r » français mais il se rapproche un peu de la prononciation

française du « w ». Le son ne se situe pas dans la gorge mais plus en avant de la bouche. Il faut arrondir les lèvres et retrousser le bout de la langue.
➔ Exerçons-nous à contraster *rat* et « rate », à prononcer « rhum » à l'anglaise, ou à prononcer : *There's a red rose.*

**Le « h » expiré**

Voilà une consonne difficile : les Français ont une fâcheuse tendance à l'oublier quand elle existe et à la mettre quand il n'en faut pas !
Le plus souvent en position initiale, elle ressemble un peu au « h » aspiré du français mais il faut expirer. Placez la main devant votre bouche, vous devez sentir l'air – ou mieux : placez un miroir et vérifiez qu'il s'embue.
➔ Exerçons-nous à prononcer : *Hot and high – A heavy head.*

**Les plosives : [p], [t] et [k]**

Les sons **[p]**, **[t]** et **[k]** ne sont pas de nature différente des sons français, mais en revanche, en position initiale, ils sont accompagnés d'une émission de souffle (c'est pour cela qu'on les appelle les

plosives). Comme pour le « h », si vous mettez votre main devant la bouche, vous devez sentir le souffle.
➔ Exerçons-nous à prononcer : *It's teatime – It's a telephone – Poor boy – My pen pal – A paper – A car – It's cold.*

**Le « ng »**

Alors qu'en français on entend successivement un « n » puis un « g » dans les mots adoptés de l'anglais comme « parking », « dancing », « Boeing » ou « footing », en anglais, ces deux consonnes ne font qu'un seul son et se nasalisent.
➔ Exerçons-nous à prononcer :
*A singer – A finger.* Il faut veiller particulièrement à ne pas accentuer les finales des mots en -ing : *He's coming – It's raining.*

**Le « ch » et le « sh »**

Tandis que le son « sh » correspond exactement au « ch » français, le son « ch » en anglais se prononce comme dans « Atchoum ! » Il faut bien respecter cette règle pour ne pas confondre certains mots.
Il ne faut pas confondre *sheep* et *cheap* ou *ship* et *chip*, ou encore *shop* et *chop*.

## Rythme, accentuation, intonation

On a longtemps cru qu'il était suffisant de bien préciser la valeur des sons pour bien parler anglais… Mais, cela ne suffit pas ! Il faut aussi s'entraîner à intégrer correctement ces sons dans les mots ou dans les phrases pour se rapprocher de l'authentique et, par la même occasion, mieux reconnaître les mots à l'oral. Le français ne comporte ni accent de mot – on prononce toutes les syllabes avec une intensité relativement identique – ni accent de phrase, sauf dans les cas où l'on exprime la surprise, l'insistance, l'interrogation, etc. Un léger accent porte naturellement sur la fin de la phrase.

En anglais, en revanche, on accentue très fortement certaines parties des mots ou des phrases et très faiblement d'autres parties.

### L'accent de mot

Tous les mots comportant plus d'une syllabe comportent une syllabe nettement accentuée. Le déplacement de l'accent de mot peut vous rendre tout simplement incompréhensible pour un anglophone.

Cet accent est signalé dans les dictionnaires, soit par un petit accent placé devant la syllabe accentuée, soit par des caractères en gras.

➔ Exerçons-nous à prononcer les mots suivants en accentuant fortement les syllabes signalées en gras. *A**me**rica* – *Tra**di**tion* – ***Cul**ture* – ***Ima**gine* – *Gene**ra**tion* – ***In**fluence* – *E**ssen**tial* – ***Ins**trument* – ***Vi**olence*.

## Rythme et accent de phrase

Le rythme spécifique de l'anglais vient de la succession de mots accentués – auxquels on accorde du temps et, surtout, de l'énergie – et de mots inaccentués sur lesquels on « glisse » au point qu'on les devine plus qu'on ne les entend.

### Les mots accentués

À l'intérieur d'une phrase, le ou les mots importants sont plus accentués que les autres.

Par exemple, en l'absence de mise en valeur particulière, il y a un seul mot très accentué dans cette phrase : *This is even **be**tter than I thought.*

## Les mots grammaticaux

De nombreux mots grammaticaux sont normalement inaccentués. Cela concerne les auxiliaires – ils ont ce que l'on appelle une « forme faible » – les prépositions, les articles, les pronoms, les adjectifs possessifs, etc. Par exemple : *He's been with us for ten years*, ou cette autre phrase : *He* ***takes*** *us into the* ***free****zing outdoors to see the* ***beau****ty of the* ***night***.

## Cas particuliers

Comme en français, la place de l'accent principal peut varier selon ce que l'on veut dire. Elle fait sens. Par exemple, si on accentue *she* dans la phrase ***She*** *did it*, celle-ci signifie : « C'est elle qui l'a fait ».

## L'intonation

L'intonation normale de l'anglais est descendante. Elle n'est pas facile à reproduire car elle implique que l'on s'affirme, ce qui est parfois difficile dans une langue que l'on ne possède pas complètement.

➔ Exerçons-nous à répéter n'importe quelle phrase courte en prenant soin de baisser la voix à la fin. Par exemple : *I'll call Jennifer tomorrow.*

L'intonation montante invite votre interlocuteur à réagir par une réponse ou une confirmation. Par exemple : *Are you sure it's interesting?*

Dans cette dernière phrase, la voix baisse jusqu'à *in-(-teresting)* puis remonte nettement sur les autres syllabes de *interesting*.

# Écrire et prononcer

## Plusieurs prononciations pour une même écriture

Une même voyelle peut se prononcer de façons différentes :

Le « a », comme dans les mots *about* [ə], *cat* [æ], *ball* [æ], *late* [eɪ].

Le « e », qui se dit [iː] dans *Pete*, mais autrement dans *pet* [e].

Le « i », qui se prononce différemment dans *live* [ɪ] (vivre) et *life* [aɪ] (vie).

Le « o », prononcé parfois [ɒ] comme dans *sorry*, parfois [ɜ:] comme dans *word*, parfois [əʊ] comme dans go.
Le « u », qui se prononce [ʊ] dans put, mais [ʌ] dans but, ou encore [ju:] dans uniform.
Sans compter les associations de lettres :
« ie »: *die* [aɪ], *friend* [e], *believe* [i:],
« ei »: *rein* [eI], *height* [aI], *receive* [i:],
« ea »: *eat* [i:], *head* [e], *great* [eI],
« ou »: *our* [aʊ], *couple* [ʌ], *soup* [əʊ],
« oo »: *cool* [u:], *blood* [ʌ],
« au »: *cause* [ɔ:], *laugh* [ɑ:].

Et plus on ajoute de lettres, plus les choses se compliquent… Ainsi l'association *-ough* ; il faut savoir que cette association, pourtant courante en anglais, peut se prononcer au moins de sept façons différentes.
*Bough* [aʊ], qui rime avec *cow.*
*Cough* [ɒf], qui rime avec *off.*
*Hiccough* [ʌp], qui rime avec *cup.*
*Though* [əʊ], qui rime avec *Joe.*
*Thorough* [e], qui rime avec *her.*
*Thought* [ɒ], qui rime avec *door.*
*Through* [u:], qui rime avec *too.*

On peut même trouver encore pire. Certains mots se prononcent différemment suivant leur sens ! Ainsi…
*Live*, qui a comme voyelle [ɪ] quand il est adjectif, et [aɪ] quand il est verbe.
*Lead*, qui rime avec *feed* quand il signifie « mener », et avec *fed* quand il signifie « plomb ». *Wind*, rime avec *sinned* pour signifier « vent », mais avec *find* pour signifier « remonter ».
*Read*, qui rime avec *bleed* quand il est au présent, et avec *red* quand il est au passé !

## Plusieurs écritures pour un même son

Certains mots qui se prononcent de la même façon s'écrivent pourtant différemment.
Par exemple :

*I* et *eye*.
*Sea* et *see*.
*For* et *four*.
*Hear* et *here*.
*Knight* et *night*.
*Him* et *hymn*.
*Too* et *two*.

## Des prononciations indevinables

Certains mots sont les seules occurrences d'une prononciation.
Ainsi *sew* ne rime pas avec *new* mais avec *do.*
Gauge rime avec cage.
*Bury* ne rime pas avec *fury* mais avec *berry.*
*Brooch* rime avec *ouch* mais pas avec *boom.*
*Tomb* [tu:m], *comb* [kəʊm] et *bomb* [bɒm].

La physionomie de certains mots ne permet vraiment pas d'en deviner la prononciation :

*A**pos**trophe* [pɒs].
*Ca**tas**trophe* [tæs].
***Che**mical* [ke].
*C**up**board* [kʌbəd].
*Muscle* [mʌsl].
***O**cean* [əʊʃn].
*Plough* [aʊ].
***Re**cipe* [resəpi].
*Sword* [sɔ:d].

## Des lettres qui ne se prononcent pas

« b », dans *comb, lamb, doubt, debt, subtle…*

« h », dans *honour, hour, honest…*

« k », dans *knee, knife, knot, know…*

« l », dans *could, should, half, talk, walk…*

« p », dans *psychiatric, receipt, pseudonym, psychology…*

« r », dans *card, burn, storm, teacher, water, father, dancer…*

« t », dans *whistle, castle, listen, Christmas…*

## Des accents qui se déplacent

Suivant la nature du mot, l'accent ne se place pas de la même façon. Il sera sur la première syllabe s'il est utilisé comme nom, mais sur la deuxième syllabe s'il est utilisé comme verbe.
C'est le cas pour les mots suivants…

| | |
|---|---|
| *Con**duct*** : Conduire | ***Con**duct* : Conduite |
| *Con**test*** : Contester | ***Con**test* : Concours |
| *De**crease*** : Diminuer | ***De**crease* : Diminution |
| *Sus**pect*** : Suspecter | ***Sus**pect* : Suspect |
| *De**sert*** : Déserter | ***De**sert* : Désert |
| *Im**port*** : Importer | ***Im**port* : Importation |
| *In**crease*** : Augmenter | ***In**crease* : Augmentation |
| *In**sult*** : Insulter | ***In**sult* : Insulte |
| *Trans**fer*** : Transférer | ***Trans**fer* : Transfert |
| *Per**mit*** : Permettre | ***Per**mit* : Permis |
| *Pre**sent*** : Présenter | ***Pre**sent* : Cadeau |
| *Pro**gress*** : Avancer | ***Pro**gress* : Progrès |
| *Pro**test*** : Protester | ***Pro**test* : Protestation |
| *Trans**port*** : Transporter | ***Trans**port* : Transport |
| *Re**cord*** : Enregistrer | ***Re**cord* : Disque |
| *Re**ject*** : Rejeter | ***Re**ject* : Rejet |

Dans des mots de même racine, l'accent peut se placer différemment.

| | | |
|---|---|---|
| Arith**me**tics | arith**met**ical | arithme**ti**cian |
| **Com**petence | com**pe**titor | compe**ti**tion |
| **De**mocrat | de**mo**cracy | demo**crat**ic |
| **Pho**tograph | pho**to**graphy | pho**to**grapher |
| **Po**litics | po**li**tical | poli**ti**cian |

Psy**cho**logy psy**cho**logist psycho**lo**gical
**Te**lephone te**le**phonist

## En guise de conclusion

George Bernard Shaw posa un jour la question suivante : que signifie le mot *ghoti* ?
Eh bien… « poisson », tout simplement ! L'explication est logique, presque mathématique :

« gh » se prononce [f], comme dans *rough*,
« e » se prononce [I], comme dans *women*,
« ti » se prononce [sh], comme dans *nation*.

Donc, *ghoti* se prononce [fish] et signifie donc « poisson ». Logique, non ?

Cinquième partie

•

# ANNEXES

## Les fautes d'orthographe les plus fréquentes

L'orthographe anglaise pose généralement moins de problèmes que l'orthographe française… Du moins si on maîtrise à peu près la correspondance son-graphie ! Certains mots, cependant, sont plus particulièrement sournois, et sont source chez nos compatriotes d'erreurs fréquentes.

### *Address*

Avec redoublement de la consonne « d », contrairement au français : « adresse ».

### *Appearance*

Il suffit de se rappeler que le verbe est *appear*, et on n'écrit plus ~~*apperance*~~.

### *Beautiful*

C'est logique, *beautiful = full of beauty*, alors où est passé le second « l » ? (et le « y » ?)

### *Cannot*
Il faut penser à l'écrire en un seul mot. On peut aussi le contracter : *can't*.

### *Cemetery*
Que des « e », il faut s'en souvenir.

### *Could*
Ne pas oublier le « l », c'est important !

### *Development*
Avec, au contraire, un seul « p », là où le français en met deux : « développement ».

### *Disappointed*
Avec un seul « s », malgré une sifflante très… sss-sonnante !

### *Disease*
Celui-ci est difficile à mémoriser, et il est courant, hélas !…

### *Eighth (ninth, twelfth)*
Ils sont difficiles à écrire, mais ce n'est rien à côté de leur prononciation !

### *English (French, German)*

En anglais, les adjectifs de nationalité prennent toujours une majuscule ; il est parfois difficile de ne pas l'oublier !

### *Environment*

Un seul « n » et pas de « e »… Ce mot si proche du français est souvent source d'erreur.

### *Forty*

Certes, on écrit *four*, mais il faut penser à enlever le « u » pour passer à la dizaine.

### *Impolite*

Comme en français, finalement… Alors pourquoi cette tendance à l'écrire avec « un- » ?

### *Independence*

On a souvent tendance à se mélanger entre les « en » et les « an ».

### *Knee*

Bien sûr, le « k » ne se prononce pas, mais on en a besoin quand même…

### *Light*
Ne pas faire comme les Américains, qui on tendance à trop souvent l'écrire *lite.*

### *Literature*
Là où le français, très logiquement, prend deux « t », comme dans « lettre », l'anglais n'en prend qu'un…

### *Magazine*
« s » ou « z » ? Comme ça se prononce, tout simplement !

### *Medecine*
Il ne faut pas se fier à la prononciation, la deuxième voyelle est bien un « e »… qui se prononce [i] !

### *Parliament*
« ia », même si cela ne s'entend pas…

### *Privilege*
pas de « d » avant le « g », contrairement à *judge.*

### *Pronunciation*
Aussi difficile à écrire qu'à faire ; surtout que le verbe s'écrit *pronounce* !

*Quite*
À ne pas confondre avec quiet, qui n'a pas le même sens…

*Receive*
« ei » ? « ie » ? On n'a finalement qu'une chance sur deux de ne pas se tromper !

*Separate*
Seprate ? Seperate ? Ni l'un ni l'autre, on ne peut pas toujours se fier à son oreille.

*Wednesday*
Surtout ne pas se fier à ce que l'on entend…

*Which*
Compliqué, ce relatif ! on aurait envie soit de ne pas lui mettre de « h », puisque de toute façon, il ne sert à rien, soit de l'orthographier witch, comme il se prononce… sauf que là, il signifie « sorcière » ; c'est ennuyeux !

*With*
Bien sûr, on sait qu'il y a un « h » quelque part, mais où exactement ?

### *Written*

Ça vient bien de write, non ? Alors pourquoi un second « t », soudainement ? D'autant que cela fait changer la prononciation de la voyelle précédente… Comment s'y retrouver ?

# Les verbes irréguliers

Les verbes précédés de * ont aussi une forme régulière.

## A

| | | | |
|---|---|---|---|
| Abîmer, gâter (un enfant) | **Spoil* | *spoilt* | *spoilt* |
| Acheter | *Buy* | *bought* | *bought* |
| Aller | *Go* | *went* | *gone* |
| Aller (à cheval ou à bicyclette) | *Ride* | *rode* | *ridden* |
| Allumer | **Light* | *lit* | *lit* |
| Apporter | *Bring* | *brought* | *brought* |
| Apprendre | **Learn* | *learnt* | *learnt* |
| Attraper | *Catch* | *caught* | *caught* |
| Avoir | *Have* | *had* | *had* |

## B

| | | | |
|---|---|---|---|
| Balayer | *Sweep* | *swept* | *swept* |
| Battre | *Beat* | *beat* | *beaten* |
| Boire | *Drink* | *drank* | *drunk* |
| Briller | *Shine* | *shone* | *shone* |
| Brûler | *Burn* | *burnt* | *burnt* |

## C

| | | | |
|---|---|---|---|
| Cacher | *Hide* | *hid* | *hidden* |
| Casser | *Break* | *broke* | *broken* |
| Chanter | *Sing* | *sang* | *sung* |
| Chercher | *Seek* | *sought* | *sought* |
| Choisir | *Choose* | *chose* | *chosen* |
| Coller | *Stick* | *stock* | *stuck* |
| Combattre | *Fight* | *fought* | *fought* |
| Commencer | *Begin* | *began* | *begun* |
| Comprendre | *Understand* | *understood* | *understood* |
| Conduire | *Drive* | *drove* | *driven* |
| Conduire (mener) | *Lead* | *led* | *led* |
| Construire | *Build* | *built* | *built* |
| Coudre | **Sew* | *sewed* | *sewn* |
| Couper | *Cut* | *cut* | *cut* |

| | | | |
|---|---|---|---|
| Courber | *Bend* | *bent* | *bent* |
| Courir | *Run* | *ran* | *run* |
| Coûter | *Cost* | *cost* | *cost* |
| Cracher | *Spit* | *spat* | *spat* |
| Creuser | *Dig* | *dug* | *dug* |

## D

| | | | |
|---|---|---|---|
| Déchirer | *Tear* | *tore* | *torn* |
| Dépenser | *Spend* | *spent* | *spent* |
| Dessiner | *Draw* | *drew* | *drawn* |
| Devenir | *Become* | *became* | *become* |
| Dire | *Say* | *said* | *said* |
| Dire | *Tell* | *told* | *told* |
| Distribuer | *Deal* | *dealt* | *dealt* |
| Diviser | *Split* | *split* | *split* |
| Donner | *Give* | *gave* | *given* |
| Donner naissance, élever | *Breed* | *bred* | *bred* |
| Dormir | *Sleep* | *slept* | *slept* |

## E

| | | | |
|---|---|---|---|
| Éclater | *Burst* | *burst* | *burst* |
| Écrire | *Write* | *wrote* | *written* |
| Enseigner | *Teach* | *taught* | *taught* |
| Entendre | *Hear* | *heard* | *heard* |
| Envoyer | *Send* | *sent* | *sent* |
| Épeler | *Spell* | *spelt* | *spelt* |
| Étaler | *Spread* | *spread* | *spread* |
| Être | *Be* | *was* | *been* |
| Être couché | *Lie* | *lay* | *lain* |
| Être debout | *Stand* | *stood* | *stood* |

## F

| | | | |
|---|---|---|---|
| Faire | *Do* | *did* | *done* |
| Faire | *Make* | *made* | *made* |
| Faire mal | *Hurt* | *hurt* | *hurt* |
| Fermer | *Shut* | *shut* | *shut* |
| Frapper | *Hit* | *hit* | *hit* |
| Frapper | *Strike* | *struck* | *struck* |
| Fuir | *Flee* | *fled* | *fled* |

## G

| | | | |
|---|---|---|---|
| Gagner | *Win* | *won* | *won* |
| Garder | *Keep* | *kept* | *kept* |
| Geler | *Freeze* | *froze* | *frozen* |
| Glisser | *Slide* | *slid* | *slid* |

## I

| | | | |
|---|---|---|---|
| Interdire | *Forbid* | *forbade* | *forbidden* |

## J

| | | | |
|---|---|---|---|
| Jaillir | *Spring* | *sprang* | *sprung* |
| Jeter | *Throw* | *threw* | *thrown* |
| Jeter | *Cast* | *cast* | *cast* |
| Jurer | *Swear* | *swore* | *sworn* |

## L

| | | | |
|---|---|---|---|
| Laisser | *Let* | *let* | *let* |
| Lancer | *Fling* | *flung* | *flung* |

| | | | |
|---|---|---|---|
| Lier | *Bind* | *bound* | *bound* |
| Lire | *Read* | *read* | *read* |

## M

| | | | |
|---|---|---|---|
| Manger | *Eat* | *ate* | *eaten* |
| Marcher | *Stride* | *strode* | *stridden* |
| Mettre | *Put* | *put* | *put* |
| Montrer | *Show* | *showed* | *shown* |
| Mordre | *Bite* | *bit* | *bitten* |

## N

| | | | |
|---|---|---|---|
| Nager | *Swim* | *swam* | *swum* |
| Nourrir | *Feed* | *fed* | *fed* |

## O

| | | | |
|---|---|---|---|
| Obtenir | *Get* | *got* | *got* |
| Oublier | *Forget* | *forgot* | *forgotten* |

## P

| | | | |
|---|---|---|---|
| Pardonner | *Forgive* | *forgave* | *forgiven* |
| Parier | *Bet* | *bet* | *bet* |
| Parler | *Speak* | *spoke* | *spoken* |
| Payer | *Pay* | *paid* | *paid* |
| Pendre | *Hang* | *hung* | *hung* |
| Penser | *Think* | *thought* | *thought* |
| Perdre | *Lose* | *lost* | *lost* |
| Piquer | *Sting* | *stung* | *stung* |
| Placer | *Lay* | *laid* | *laid* |
| Placer | *Set* | *set* | *set* |
| Pleurer | *Weep* | *wept* | *wept* |
| Porter | *Wear* | *wore* | *worn* |
| Pousser | *Grow* | *grew* | *grown* |
| Prendre | *Take* | *took* | *taken* |
| Prêter | *Lend* | *lent* | *lent* |

## Q

| | | | |
|---|---|---|---|
| Quitter | *Leave* | *left* | *left* |

## R

| | | | |
|---|---|---|---|
| Rencontrer | *Meet* | *met* | *met* |
| Rétrécir | *shrink* | *shrank* | *shrunk* |
| Réveiller | **Wake* | *woke* | *woken* |
| Se réveiller | *Awake* | *awoke* | *awoken* |
| Rêver | **Dream* | *dreamt* | *dreamt* |

## S

| | | | |
|---|---|---|---|
| S'agenouiller | *Kneel* | *knelt* | *knelt* |
| Saigner | *Bleed* | *bled* | *bled* |
| S'appuyer | **Lean* | *leant* | *leant* |
| S'asseoir | *Sit* | *sat* | *sat* |
| Sauter | **Leap* | *leapt* | *leapt* |
| Savoir | *Know* | *knew* | *known* |
| Scier | *Saw* | *sawed* | *sawn* |
| Se lever | *Rise* | *rose* | *risen* |
| Secouer | *Shake* | *shook* | *shaken* |
| S'élever | *Arise* | *arose* | *arisen* |
| Sentir | *Feel* | *felt* | *felt* |
| Sentir | **Smell* | *smelt* | *smelt* |
| Sentir mauvais | *Stink* | *stank* | *stunk* |
| Sonner | *Ring* | *rang* | *rung* |

| | | | |
|---|---|---|---|
| Souffler | *Blow* | *blew* | *blown* |
| Supporter | *Bear* | *bore* | *borne* |

## T

| | | | |
|---|---|---|---|
| Tenir | *Hold* | *held* | *held* |
| Tirer | *Shoot* | *shot* | *shot* |
| Tomber | *Fall* | *fell* | *fallen* |
| Tondre | **Mow* | *mowed* | *mown* |
| Transmettre | *Broadcast* | *broadcast* | *broadcast* |
| Troubler | *Upset* | *upset* | *upset* |
| Trouver | *Find* | *found* | *found* |

## V

| | | | |
|---|---|---|---|
| Vendre | *Sell* | *sold* | *sold* |
| Venir | *Come* | *came* | *come* |
| Voir | *See* | *saw* | *seen* |
| Voler (oiseau, avion) | | *Fly* | *flew flown* |
| Voler (voleur) | *Steal* | *stole* | *stolen* |
| Vouloir dire | *Mean* | *meant* | *meant* |

# Les erreurs à éviter

## Les anglicismes

Certaines erreurs bien françaises viennent de l'emploi que l'on fait de mots que l'on croit anglais, mais qui ne le sont pas du tout !
En voici quelques exemples…

### *Smoking*

Ainsi, dans une soirée, ne portez pas ~~*a smoking*~~, ce qui signifierait que vous portez quelque chose de fumant ; portez plutôt *a dinner jacket*, ou *a tuxedo*, plus américain… Ce sera nettement plus élégant !

### *Parking*

Ne mettez pas votre voiture au ~~*parking*~~, mais plutôt au *car park*. Au pire, vous trouverez *a parking place!*

### *Pressing*

Ne cherchez pas ~~*a pressing*~~ pour faire nettoyer votre linge, on vous regarderait de travers. Avec *a launderette*, vous aurez plus de chances. D'ailleurs, si vous dites aux Anglais que *launderette* n'est absolument pas un mot français, ils n'en croiront pas leurs oreilles !

### *Brushing*

Pourquoi payer si cher pour un simple coup de brosse ? C'est le *blow drying* qui fait gonfler vos cheveux.

### *Lifting*

Si vous parlez à une lady anglaise de se faire faire ~~*a lifting*~~, elle aura certainement un air effaré : que voulez-vous soulever ? Proposez-lui plutôt *a face lift*, vous la rassurerez.

### *Bronzing*

Si vous proposez à votre ami anglo-saxon d'aller faire du ~~*bronzing*~~, il se demandera si ce que vous lui proposez est bien respectable… Proposez-lui plutôt de faire du *sun-bathing*… sans oublier la crème solaire !

## Les calques

Il est parfois difficile pour un Français d'oublier la structure de sa propre langue pour adopter celle de l'anglais. Chaque langue a son découpage propre, et les mots ne sont pas toujours interchangeables. Voici quelques erreurs de « calque » parmi les plus souvent rencontrées…

■ Pour dire : « Je suis d'accord ! », on choisira : ***I agree!*** et non ~~*I am agree!*~~

■ Pour dire : « Répond-moi ! », on choisira : ***Answer me!*** et non ~~*answer to me!*~~

■ Pour dire : « Demande à ta mère ! », on choisira : ***Ask your mother!*** et non ~~*ask at your mother!*~~

■ Pour dire : « Il m'a donné une fleur », on choisira : ***He gave me a flower,*** et non ~~*he me gave a flower*~~.

■ Pour dire : « Commettre une erreur », on choisira : ***To make a mistake,*** et non ~~*to commit a mistake*~~.

■ Pour dire : « Il y a une jolie maison », on choisira : ***There is a nice house,*** et non ~~*it exists a nice house*~~.

■ Pour dire : « Pour aller à Londres », on choisira : ***To go to London,*** et non ~~*for to go to London*~~.

■ Pour dire : « Un homme sur trois », on choisira : ***One man out of three,*** et non ~~*one man on three*~~.

■ Pour dire : « Le responsable », on choisira : ***The person in charge,*** et non ~~*the responsible*~~.

■ Pour dire : « Il est vrai que... », on choisira : ***Indeed...*** et non ~~*it's right that*~~...

■ Pour dire : « Je ne peux pas le supporter ! », on choisira : ***I can't stand him!*** et non ~~*I can't support him*~~.

■ Pour dire : « Il y a longtemps », on choisira : ***A long time ago,*** et non ~~*there is a long time*~~.

■ Pour dire : « Je sais nager », on choisira : ***I can swim,*** et non ~~*I know to swim*~~.

■ Pour dire : « C'est lui qui... », on choisira : ***He is the one who...*** et non ~~*It's him who*~~...

■ Pour dire : « Il faut que j'aille... », on choisira : ***I must go...*** et non ~~*it must that I go*~~...

■ Pour dire : « Je veux que tu viennes ! », on choisira : ***I want you to come!*** et non ~~*I want that you come!*~~

■ Pour dire : « Il m'a dit de ne pas pleurer », on choisira : ***He told me not to cry,*** et non ~~*he told me to not cry*~~.

■ Pour dire : « Il demanda qui était cet homme », on choisira: ***He asked who that man was,*** et non ~~*he asked who was that man*~~.

■ Pour dire : « Tous les jours », on choisira : ***Every day,*** et non ~~*everyday*~~ ou ~~*all the days*~~.

■ Pour dire : « Les pauvres », on choisira : ***The poor,*** et non ~~*the poors*~~.

■ Pour dire : « Plusieurs centaines de gens », on choisira : ***Several hundred people*** et non ~~*several hundreds of people*~~.

■ Pour dire : « L'année prochaine », on choisira : ***Next year,*** et non ~~*the next year*~~.

Disponible également dans la collection :

ISBN 978-2-7540-0475-6

ISBN 978-2-7540-2475-4